채찍질하는 부모 방향 없이 달리는 아이

채찍질하는 부모 방향 없이 달리는 아이

김용언 지음

이담 Books

나는 아이를 제대로 키우고 있는가?

우리 학교 전체 교사를 대상으로 연수를 한 적이 있다. ≪공부 상처≫(에듀니티)의 저자인 신경정신과 의사 김현수 선생님을 모시고 강의를 듣게 되었다. 그는 '사는 기쁨 신경정신과'를 개원하고 '빵과 영혼'이라는 상담 센터를 만들어 어려운 이웃과 아이들에게 쉼터를 제공하는 일을 시작하면서 상처 입은 이들을 치유하는 일을 하고 있다.

강의를 들으면서 깊이 공감할 수 있었던 것 중 하나는 사랑이 독을 갖고 있을 때, 부모나 교사의 사랑이 독을 갖고 있을 때 아이들은 정신적으로 건강하게 자라지 못할 뿐만 아니라 제대로 자라기도 어렵다는 것이었다. 아마도 그가 수많은 아이를 상담하면서 느꼈던 것들을 함축해서 표현한 것으로 보였다. 그러면서 부모와 교사가 아이들을 덜 혼내고, 더 잘 돕는 역할을 하는 것이 무엇보다 중요함을 강조했다.

아이들 대부분은 집에서는 엄마 아빠에게 혼나고, 학교에서는 선생님에게 혼나면서 하루라도 혼나지 않고 넘어가지 못하는 매일의 삶을 살고 있다. 김현수 선생님은 강의를 통해 한 친구의 이야기를 소개했다. 예전에 진료했던 어느 산만한 아이의 일기장 내용이었는데, 축약해보면 이렇다.

아침부터 꾸물댄다고 집에서 혼난 채 나왔다.
학교에 조금 늦게 도착했는데 교문 앞에서 다시 혼났고,
1교시에 미처 챙겨 오지 못한 준비물 때문에 더 크게 혼났다.
2교시에는 문제를 풀지 못해서 혼나고,
3교시에는 떠들다가 혼나고,
4교시 수업에서는 찍혀서 혼나고,
너무 화가 난다.

점심시간에는 애들과 싸웠다.
오후에도 졸다가 혼나고,
학교 마치고, 학원에 갔더니

열심히 하지 않을 거면 오지 말라고 하였다.
집에 들어가자마자 엄마가 혼내고 엄마랑 싸우고 잤다.
늦게 들어오신 아빠는 자고 있는 나를 깨워서 엄마에게 대들었다고
혼냈다.
울면서 잠들었다.
억울하고 힘들다.
정신을 못 차리겠다.
너무너무 화가 난다.
혼나지 않는 세상으로 가고 싶다.

아이들 입장에서 보면 부모와 교사는 정말 혼내기 달인들이다.
이렇게 매일 혼나는 아이들의 마음은 어떨까?
어른들은 혼날 만한 일을 저질렀으니 마땅히 혼낸 것으로 생각할
지도 모른다. 하지만 이렇게 늘 윽박지르고 다그치는 부모 밑에서
자란 아이의 마음은 몹시 억울하고 분한 마음으로 가득하다. 때로
는 분노를 표출하기도 하고, 절망 상태에 빠져 스스로 자신을 내버
리고 돌보지 않으며 자기만의 어두운 동굴로 숨어든다는 사실을 부
모들은 제대로 깨달아야 할 것이다.

아이의 인생 방향을 부모가 정해놓고 그 방향으로 가지 않거나
가지 못하면 윽박지르고 다그치고 협박까지 서슴지 않는 모습이 혹
나의 모습은 아닌지 부모들은 깊이 성찰해보아야 할 것이다.

공부는 뒷전이고 허구한 날 게임만 하고 있고, 시험이 내일모레
인데 스마트폰에 온통 정신을 빼앗기고 있는 자녀를 보면 부모는
속이 타들어 가고 고운 말이 나오지를 않는다.

"너는 왜 그 모양이니?"
"그렇게 공부해서 뭐가 되려고 하니?"
"그래서 대학이나 갈 수 있겠어?"

이렇게 부모는 아이를 협박하면서 자신들이 설정해 놓은 목표를 향해서 앞만 보고 가라고 윽박지르고 다그친다.

레밍이라는 들쥐가 있다. 스칸디나비아반도 북쪽에 서식하는 나그네쥐인데, 이 쥐들은 떼를 지어 사는 습성이 있다. 어느 날 바스락거리는 소리에 놀라서 갑자기 무리 중 레밍 한 마리가 뛰어 달리기 시작하면, 옆에 있는 쥐들은 영문도 모른 채 덩달아 뛰기 시작한다. 그러면 모든 쥐가 무리에서 떨어지지 않으려고 일제히 뛰기 시작한다. 쥐들은 자신이 왜 뛰는지, 무엇 때문에 뛰는지도 모르고 달린다. 그리고 그 광란의 질주는 천 길 낭떠러지를 만나면서 끝이 나게 된다. 쥐들은 왜 뛰는지도 모르고 다른 쥐들이 뛰니까 덩달아 뛰다가 몰살을 당하고 마는 비참한 결과에 이르게 된다.

레밍이 왜 뛰는지도 모르고 앞만 보고 달리는 것처럼, 아이들은 스스로 꿈을 세우고 자신이 스스로 설정한 삶의 목표와 꿈을 향해 가는 것이 아니라, 부모가 정해놓은 틀 안에 갇혀서 부모가 꾸는 꿈을 이루어 드리기 위해 그냥 공부한다. 어떤 목적으로 공부를 해야 하는지, 왜 열심히 해야 하는지, 장차 어떤 사람으로 살아야 하는지, 왜 공부가 필요한지도 모른다.

한번 생각해보라. 아이가 자신의 꿈이 없고, 어떻게 해야 잘사는 것인지 모르고, 왜 열심히 살아야 하는지도 모르는데, 그리고 공부에는 전혀 관심이 없는데, 그런 아이에게 윽박지르고 다그치면서 좋은 성적을 바란다면, 아이는 어떤 마음일까. 학교 가는 것이 도살장에 끌려가는 심정일 것이고, 학교가 그야말로 지옥과 같은 곳일 것이다.

부모의 훈계에 토를 달거나 대들기라도 하면, "어디서 배워먹은 버르장머리냐?"라며 혼을 낸다. 그러면서 "못된 친구들하고 가까이 하니까 네가 이 모양 아니냐?"라면서 좋은 친구를 사귀라고 강요한다. 그런데 아는가? 아이들은 윽박지르고 다그친다고 해서 결코 변하지 않는다는 사실을….

부모의 역할은 아이의 문제점을 지적하며 윽박지르고 다그치는 것이 아니다. 아이의 스트레스를 줄여주고 아이가 스스로 뭔가를 할 수 있도록 도와주어야 한다. 즉 부모가 목표를 세워주는 것이 아니라, 아이가 스스로 자신이 생각하는 수준에서 목표를 세우고 그것을 실천할 수 있도록 격려해주는 것이다. 자신의 목표와 결정에 책임감을 갖고 목표를 실현해가도록 부모가 이끌어 줄 때, 아이들은 변하게 되는 것이다. 즉 아이가 스스로 뭔가를 할 수 있도록 동기를 부여해주고 계기를 마련해주는 것이 무엇보다 중요하다.

교육의 어원을 보면, 영어 education은 라틴어 'educare'에서 유래하였다. 라틴어 'educare'는 'e'(밖으로)+ 'ducare'(이끌어내다), 즉 '밖으로 이끌어낸다'는 뜻이다. 이런 의미에서 볼 때 결국 아이들에게 뭔가를 주입식으로 집어넣는 것이 아니라, 자신이 가지고 있는 능력을 스스로 발현하도록 이끌어내는 역할을 하는 것이 교육의 진정한 의미일 것이다.

≪벽암록(碧巖錄)≫이라는 책에 '줄탁동기'(啐啄同機)라는 말이 있다. 알 속의 병아리가 안에서 껍질을 쪼는 것을 '줄'(啐)이라고 하고 어미 닭이 그 소리를 듣고 밖에서 마주 쪼아 껍질을 깨뜨려주는 것을 '탁'(啄)이라 하는데, 이러한 행위가 동시(同機)에 일어나야 온전하고 건강한 병아리가 태어날 수 있다는 뜻이다. 새끼와 어미가 동시에 알을 쪼지만 그렇다고 어미가 새끼를 나오게 하는 것은 아니다. 결국 알을 깨고 나오는 것은 병아리 자신이다.

교육도 이와 마찬가지라는 생각이 든다. 병아리가 스스로 껍질을 깨는 노력 없이 세상 밖으로 나올 수 없듯이, 아이의 내면에 잠재되어 있는 재능과 능력이 밖으로 표출되도록 할 뿐만 아니라 어느 누구도 대신해줄 수 없는 아이의 인생을 스스로 개척해나가도록 부모는 도와주는 역할을 할 뿐이다. 부모가 아이를 대신해줄 수는 없다. 아무리 훌륭한 선생님, 교재, 학원이 있다고 해도 학생 스스로 깨닫고 실천하지 않으면 아무 소용이 없다. 아직 많은 아이가 스스로 알을 깨려는 노력 없이, 즉 학원이나 과외에 의존한 채 누군가가 대신 껍질을 깨고 알 속으로부터 자신을 꺼내주기를 기다리고 있는 것이 현실이다.

정말 우리 아이가 공부를 잘하는 아이가 되도록 하고 싶으면, 무언가에 의존하는 학습이 아니라 자기 스스로 하는 '자기 주도적 학습'을 할 수 있도록 해야 한다. 왜냐하면 스스로 할 수 있는 결정적 시기(Critical periods)를 놓치게 되면 나중에 진짜 실력을 발휘해야 할 때가 올 때 자기의 실력을 100% 발휘할 수 없기 때문이다.

교육의 어원처럼, 부모나 교사는 아이가 자신만이 가지고 있는 능력과 재능을 극대화 할 수 있도록 도와주는 역할을 해야 한다. 그런 과정을 통해 아이들이 스스로 배움의 즐거움을 만끽할 수 있도록 좋은 교육 환경을 만들어주는 것이 중요하다. 어떻게 아이를 4차 산업혁명 시대에 성공한 인생이자 세상에 선한 영향력을 끼치는 훌륭한 사람으로 양육할 것인지 고민하는 부모들에게, 이 책이 부디 소중한 나침반이 되기를 기대한다.

2020년 6월
신흥동산에서 김용언

목차

3장   **가치 혼란의 시대를 살아가는 아이들**

1장

꿈이 없으면 미래는 없다

넌 꿈이 뭐니?

꿈이 없는 아이에게는 꿈이 뭔지 자주 질문해주는 주변 사람이 필요하다. 꿈이 무언지 물었을 때 그동안 내가 어떤 사람이 되고 싶은지, 무엇을 하고 싶은지, 내가 잘하는 것이 무엇인지에 대해 전혀 관심이 없던 아이들도 자신의 꿈을 진지하게 생각하게 된다. 그러면서 꿈을 꾸게 되기 때문에 꿈이 없는 아이에게 "넌 꿈이 뭐니?"라고 물어주는 것이 얼마나 중요한지 모른다.

스위스의 법학자, 철학자면서 정치가인 칼 힐티(Carl Hilty)는 "인간 생애의 최고의 날은 자신의 사명을 발견하는 날이다."라고 했다. 아이들이 성공한 인생을 살고, 멋지고 의미 있으며 가치 있는 인생을 디자인하려면 10대에 멋진 꿈을 꿀 수 있어야 한다. 10대에 원대한 꿈을 꿀 수 있어야 한다. 왜냐하면 꿈이 없으면 미래가 없고, 꿈의 크기는 삶의 크기에 비례하기 때문이다.

'코이(koi)의 법칙'이라는 용어가 있다. 일본 관상어 중에 코이(koi)라는 물고기가 있는데, 코이는 자기가 숨 쉬고 활동하는 세계의 크기에 따라서, 즉 어디에서 자라느냐에 따라서 그 크기가 달라진다. 조그마한 어항에 넣어두면 5~8㎝ 정도밖에 자라지 않지만 좀 더 큰 수족관에서 키우면 15~25㎝까지 자란다. 그러나 코이를 강물에 풀어놓고 기르게 되면 무려 90~120㎝까지 자란다. 마찬가지로 아이들도 어떤 환경에서 사느냐에 따라 우리가 상상할 수 없을 만큼 자라게 된다. 그리고 여기서 환경이라고 하는 것은 어찌 보면 '간절한 꿈'이라고 할 수 있다.

아이들이 어려서부터 큰 꿈을 꾸게 하고, 자신이 정말 잘할 수 있는 것이 무엇인가를 진지하게 생각해보게 하고, 자기 자신뿐만 아니라 남을 위하여 유익하게 사는 길이 무엇인가를 깊이 생각해보도록 동기를 부여해주어야 한다. 그래야 아이들이 10대에 방황하지 않고 목적이 있는 삶을 살게 되고, 그 목적이 아이들의 삶을 선한 길로 바르게 이끌어갈 수 있게 되는 것이다.

아이 스스로가 자신의 한계를 정해놓고 살지 않도록 할 뿐만 아니라 스스로 자신의 삶을 개척하고 새로운 것에 늘 도전해보는 그런 환경을 만들어주는 것이 무엇보다 중요하다. 아이가 어떤 꿈을 품고 사느냐에 따라, 어떤 생각을 품고 사느냐에 따라 아이의 미래가 달라진다. 내가 어디로 가야 하는가? 자신이 가야 할 방향을 모른다면 아이들은 방황할 수밖에 없다.

윤형방황(輪形方徨)

　우리나라가 발사한 최초의 다목적 실용위성은 아리랑 1호이다. 1999년 미국 캘리포니아주에 있는 반덴버그(Vandenberg) 공군 기지에서 발사되었다. 한반도와 그 주변부의 전자 지도를 제작하고, 해양 관측, 우주 환경 관측 따위의 임무를 수행하기 위해 발사한 위성이다. 그런데 2008년 1월에 아리랑 1호가 통신 두절 상태가 되어 지상의 궤도 수정 명령을 접수하지 못해 그해 12월 영원한 우주 미아가 되어 공식적으로 사망 선고를 내렸다. 통신이 두절되어서 위성이 가야 할 방향을 명령받지 못해 우주 미아가 되어 버린 것이다.

　'윤형방황'(輪形方徨)이라는 현상이 있다. 어떤 사람이 알프스산맥에서 길을 잃고 13일 동안이나 방황하다가 구출된 적이 있다. 그는 산에서 내려오기 위해 매일 12시간씩 걸었다는데 알고 보니 반경 6Km 이내에서만 왔다 갔다 했다는 것을 알게 되었다. 정상적인 사람도 멀리 목표물을 정해놓고 눈을 가리고 그 목표물을 향해 똑바로 걸어가도록 하면 나중에는 그 목표물에서 많이 벗어나 있는 것을 보게 된다. 20m 정도 걸으면 4m 정도의 간격이 생기고, 계속 걷게 되면 결국 큰 원을 그리며 돌게 되는데, 이런 현상을 '윤형방황'이라고 한다.

　설산이나 사막과 같이 사방의 모양이 비슷하거나 똑같아 보이는 곳을 걷거나, 짙은 안개나 폭풍우를 만나 시야가 가려졌을 때는 앞으로 나아가지 못하고 제자리를 맴돌게 된다. 자신은 계속해서 목표를 향해 앞으로 가고 있다고 생각하지만, 결국에는 큰 원을 그리며 돌기만 하는 현상을 말하는 것이다.

산이나 사막에서 길을 잃었을 때 방황하지 않는 두 가지 방법은 나침반을 보며 가거나 북극성을 바라보며 따라가는 것이다. 아이들이 인생을 방황하지 않고 목표를 향해 똑바로 가도록 나침반과 북극성의 역할을 하는 것이 바로 그 자신의 '간절한 꿈'이다. 이렇게 생각해볼 때, 만약 중요한 시기에 아이들에게 꿈이 없다면 어떻게 되겠는가? 다음은 '어느 꿈이 없는 10대'의 이야기이다.

여러분은 꿈이 있으신가요?
어떤 꿈인가요?
많은 사람에게 자랑하거나, 부러움을 얻기 위해 마련한 그런 꿈이 아닌 나만을 위한, 나로부터 시작되는 행복한 꿈이 있으신가요?

저는 요즘 그런 문제로 상당한 고민을 하고 있습니다.
초등학교 때에는 무엇이든 되고 싶었죠.
될 수 있는 것이라면 모두 다요.
그런데 중학교에 올라오고부터는 뭘 하고 싶은지 정확히 없는 것 같아요.
미래에는 많은 직업이 사라진다고들 하기도 하고요.

저 개인적으로 봤을 때
저는 작가에 조금 소질이 있는 것 같은데,
작가로 돈을 두둑이 벌 수도 없고,
대박이 날 가능성이 희박하니까요.
스포츠 쪽에는 영 소질이 없고,

채찍질하는 부모
방향 없이 달리는 아이

공부도 그다지 상위권이 아닌 터라 적성에 맞는 직업을 찾을 수가 없네요.

언어 쪽에 조금 능력이 있는 것 같은데 별로 내키는 직업도 없고….

많은 청소년이 이런 문제로 고민할 것 같기는 합니다만

이제 얼마 안 있으면 고등학생이 되기 때문에

꿈이 없다면 꽤 심각해질 수도 있어요.

저는 꼭 중학교 때 꿈을 정하고 싶었거든요.

제가 배우 같은 거로 유명해질 수도 없는 노릇이고,

공부도 적성에 안 맞으니까.

진짜 뭘 해야 할지 모르겠어요.

차라리 제가 원하는 직업과 부모님이 원하는 직업으로 싸우는 편이 낫겠다는 생각이 들 정도예요.

그러면 부모님을 설득하던지 제가 그 직업에 관심을 가지면 되니까요.

저도 나름 노력을 많이 해 봤어요.

꿈을 찾기 위해서요.

직업 사전도 열심히 뒤져보고,

적성검사 같은 것들도 이것저것 다 해보고….

그래도 제게 맞는 것은 하나도 없는 것 같아요.

전 작가라는 직업이 그나마 끌리긴 하지만 그래도 하기가 힘들 테니까.

부모님을 설득할 만큼의 자신도 없고요.

그래서 제가 조언을 구하고 싶은 것은 어떤 직업이 좋을지,

꿈을 찾는 방법은 어떤 것들이 있는지.

뭐 그런 것들을 좀 들어보고 싶어요.

그냥 진심 어린 위로라도 해주시면 힘도 좀 날 것 같고요.

10대란 무한한 가능성과 원대한 꿈을 꿀 수 있고, 그래서 10대라

는 그 이름 자체만으로도 설레는 시절이다. 그런데 그들은 꿈을 꾸지 않는다. 아니 꿈이 없다. 10년, 20년 후에 아름답게 펼쳐지게 될 자신의 찬란한 미래를 생각하지도 않는다. 진정으로 내가 무엇을 하고 싶은지, 어떤 사람이 되고 싶은지에 도무지 관심이 없다. 꿈이 없는 아이에게 밝은 미래가 있겠는가? 10대에 왜 꿈을 꾸는 것이 중요한지를 생각해보자.

자녀에게 꿈이 뭔지를 물어본 적이 없는 부모들에게

나는 어려서 가난한 환경에서 자랐다. 초등학교 시절에 육성회비를 제때 내지 못해 몇 시간 동안 복도에서 무릎 꿇고 손들고 서 있었던 기억이 있다. 어린 시절 초등학교에서 노래를 조금 한다고 해서 합창단원으로 뽑혀 열심히 연습했지만, 어린이날 학부모 행사 무대에 서지 못했다. 가난해서 단복을 맞출 돈이 없었기 때문이다. 합창단이 무대에서 합창할 때, 나는 회중석에서 눈물을 흘리면서 노래를 들을 수밖에 없었던 아픈 기억이 있다.

가난하게 자란 탓인지 어렸을 때 돈을 줍는 꿈을 참 많이 꾸었다. 사방에 동전이 널려있는데 그 돈을 정신없이 주어서 주머니에 가득 담곤 했다. 그러다가 꿈에서 깨어나면 얼마나 허망하고 아쉬운지 몰랐다. 돈을 엄청 줍기는 했지만 그것을 한 번도 제대로 써보지 못했기 때문이다.

어머니는 독실한 크리스천이었다. 그래서 모태신앙으로 어릴 때부터 교회에 다니면서 꾸었던 꿈은 목회자가 되는 것이었다. 어릴 적 부모님은 나에게 가끔 물으셨다. "너는 커서 뭐가 되고 싶냐?" 나는 서슴없이 목사라고 대답했다. 그럴 때마다 부모님은 "목사는 가난하게 살지 않니? 목사 말고 공무원이나 교사가 되면 좋겠다."라고 늘 말씀하셨다. 지금 나는 미션스쿨에서 교목으로, 교육자로 재직하고 있다. 어릴 적에 부모님이 나에게 "너는 커서 뭐가 되고 싶냐? 꿈이 뭐니?"라고 물어주셔서, 나는 늘 꿈을 생각하게 되었던 것이다.

그런데 요즘 부모들은 자녀들에게 꿈이 뭔지를 물어보지 않는다. 그래서 아이들은 꿈이 없고 꿈을 꾸지를 않는다. 부모들은 오로지 학교에서 아이가 몇 등을 하는지, 성적은 어느 정도인지에만 관심이 있을 뿐, 자녀가 무엇을 꿈꾸고 있고, 잘하는 것이 무엇인지, 장차 커서 뭐가 되고 싶은지에는 별로 관심이 없다. 하지만 공부를 못하는 것보다 꿈이 없는 것이 훨씬 더 위험하다는 것을 알아야 한다. 그래서 꿈이 없는 자녀에게 꿈을 가질 수 있도록 동기를 부여해주는 것이 무엇보다 중요하다.

어떤 학생이 행정학과에 지원하고 수시 논술을 보았다. 이 학생은 평소 행정학과에 가고 싶다고 이야기한 적이 없었기에, 선생님은 왜 갑자기 행정학과에 지원했냐고 물었다. 학생은 수줍은 듯이 이렇게 대답했단다. "저, 공무원이 되고 싶어요. 짧게 일하고 퇴근해서는 길게 게임하면서 놀고 싶어서요." 요즘 많은 젊은이가 꿈꾸는 직업은 공무원이다. 그래서 그만큼 경쟁도 치열하다. 짧게 일하고 퇴근해서 마음껏 컴퓨터 게임을 하고 싶다는 학생의 대답은 솔직해서 좋지만, 많은 학생은 이 학생처럼 자신의 꿈과 목표가 뚜렷한 경우가 드물다.

수많은 시간을 공부하는 데 할애하면서도 우리 아이들은 왜 꿈을 꾸지 않는 것일까? 아니 왜 꿈조차 갖지를 못하는 것일까? 그것은 아이들에게 꿈과 삶의 목표에 대해 진지하게 고민해볼 수 있는 시간과 충분한 기회를 주지 못했던 부모들의 책임일지도 모른다. 선진국의 경우를 보면, 일본은 'Career Start Week'이라는 제도가 있는데 한 주간 학생들이 기업체에서 진로와 관련된 체험학습을 하는 프로그램이다. 미국은 정부와 기업, 학교가 손잡고 'Job shadow'라는 직장체험 프로그램을 시행하고 있다. 우리나라에서도 경험을 통해 자신의 적성을 찾아가는 직업 체험 공간인 "Job World"처럼 다양한 직업 세계를 탐색할 수 있도록 진로 직업 체험 프로그램을 운영하고 있지만, 학생들에게 직접적으로 와닿는지는 의문이다.

사실 현대사회에서 꿈을 찾고 그것을 자신의 직업으로 삼아 일하는 사람들은 극히 드물다. 왜냐하면 대부분 사람이 꿈이 없이, 10대에 성적 맞추어서 대학에 진학하고 스펙에 맞게 취업하는 인생을 살고 있는 것이 현실이기 때문이다. "꿈이 없어요."라고 말하는 자녀에게 자신을 먼저 돌아보게 하고, 스스로 무엇을 좋아하는지, 어떤 사람이 되고 싶은지, 그리고 어떤 것을 했을 때 행복한지부터 생각하게 하고, 꿈을 찾기 위해 많은 것을 경험해보도록 환경을 마련해주는 것이 좋을 듯싶다.

꿈이 없는 아이를 지켜보며 안쓰러운 생각이 드는 건 부모들도 마찬가지겠지만, 그렇다고 공부하지 않는 자녀에게 "넌 도대체 커서 뭐가 되려고 그러냐?"라고 윽박지르고 다그치지는 말자. 아이 역시 하고 싶은 일을 찾지 못해 답답할 것이기 때문이다. 지금이라도 자녀와 함께 미래의 꿈을 고민해보는 시간을 갖는 것이 중요하다.

왜 10대에 꿈꾸는 것이 중요한가?

레그손 카이라(Legson D. Kayira)

'레그손 카이라'라는 사람이 있다. 그는 영국 케임브리지대학의 정치학 교수인데, 동남부 아프리카 니아살랜드(Nyasaland)라는 나라의 아주 보잘것없고 초라한 부족 마을에서 태어났다. 동남부 아프리카 대륙에 있는 니아살랜드는 현재 말라위라고 불리는 작은 나라이다. 그 작은 나라의 황무지와 같은 마을에서 태어난 레그손 카이라 교수는 어떻게 그 유명한 영국 케임브리지대학의 정치학 교수 자리에까지 오르게 되었을까?

레그손은 이름도 생소한 니아살랜드의 아주 작은 마을에서 태어났지만, 그의 삶을 송두리째 바꿔놓은 것은 바로 미국 흑인의 아버지라고 불리는 '부커 워싱턴'이었다. 부커 워싱턴은 노예의 굴레에서 벗어나 미국의 위대한 개혁자이자 교육자가 되어서 자신을 포함한 모든 흑인에게 희망을 주고 인간의 존엄성을 일깨워 준 위대한 인물로서 레그손은 이분의 영향을 받게 된다.

레그손은 자신도 부커 워싱턴과 같은 위대한 인물이 되고 싶었다. 그런 그가 늘 마음에 간직하고 있었던 또 한 명의 영웅은 미국 16대 대통령인 '에이브러햄 링컨'이었다. 그야말로 가난을 딛고 일어나 당당하게 미국의 대통령이 되어서 노예를 해방하기 위해 지칠 줄 모르는 싸움을 했던 에이브러햄 링컨, 그런 링컨과 같은 인물이 되고 싶은 아이, 그가 바로 레그손 카이라였다.

그는 아프리카의 그야말로 초라하기 짝이 없는 한 소년이었다. 자신의 나이가 열여섯 살인지, 열일곱 살인지조차 잘 모르는 소년으로 살았다. 그의 부모님도 까막눈이어서 아들의 나이가 몇인지 잘 몰랐다. 그런데 그런 그가 일생일대의 엉뚱한 꿈을 꾸게 된다. 부커 워싱턴과 에이브러햄 링컨을 합쳐놓은 그런 위대한 사람이 되기 위해서, 그는 어떻게 해서든 자신이 배워야 하겠다는 결심을 하게 된다. 그리고 배움을 위해 미국으로 가고자 자신의 고향 니아살랜드를 떠나게 된다.

자신도 배워서 인류를 위해 봉사하고 세상에 선한 영향력을 끼치는 위대한 사람이 되고 싶었던 것이다. 그런 위대한 사람이 되려면 최고의 교육을 받을 필요가 있었는데, 최고의 교육을 받기에 가장 좋은 나라가 바로 미국이라는 사실을 알게 되었다. 동부 아프리카의 황무지를 가로질러서 이집트의 카이로까지 북쪽으로 걸어간 다음, 배를 타고 미국으로 건너가서 대학에 진학하고야 말겠다는 야심 찬 꿈을 꾸었다. 그리고는 첫걸음을 내딛게 되었는데, 미국이 어디에 붙어있는 나라인지도 잘 알지 못한 채 무작정 미국을 향해 떠났던 것이다. 그의 부모는 떠나는 아들을 눈물로 배웅하였다.

지금 당장 손에 동전 한 닢도 없고, 뱃삯도 없었다. 그러나 레그손은 무작정 떠났다. 또 미국에 간다고 할지라도 미국 대학에 입학할 수 있을는지, 미국 대학에서 또 자신을 받아줄는지도 모르는데 무작정 떠난 것이다. 아프리카 니아살랜드에서 출발해 카이로까지는 장장 6,800km의 거리였다. 도저히 가능할 것 같지 않은 여정이었다.

앞이 캄캄해 보이는 여행을 떠나면서 레그손 카이라가 준비한 것은 딱 다섯 가지였다.

· 책 두 권(성경책과 존 번연의 《천로역정》)
· 5일분의 식량
· 호신용 작은 도끼
· 잠잘 때 덮을 담요
· 그리고 마지막 가장 중요한 것, 자신의 꿈을 담은 건강한
  몸과 영혼

이 다섯 가지 소지품이 전부였다. 한번 생각해보라. 그가 지금 처한 환경과 상황에서, 자신이 꿈꾸는 부커 워싱턴과 에이브러햄 링컨을 합쳐놓은 위대한 사람이 될 수 있겠는가? 불가능해 보이지 않은가? 그러나 그는 절대로 포기하지 않았다. 자신의 꿈을 이루기 위해 그는 미국을 향해 걷는 것을 포기하지 않았다.

"죽을 때까지 한 번 해보는 거야!"
"쓰러져 죽기 전까지는 절대 멈추지 않을 거야!"

미국을 향해 6,800km를 걸으며 밤하늘을 이불 삼고 노숙을 했다. 먹을 것이 떨어졌을 때는 야생 나무의 열매를 먹기도 했다. 그러다 보니 점점 몸은 쇠약해지고 결국 열병에 걸려 쓰러지고 만다. 힘들 때마다 모든 것을 포기하고 다시 집으로 돌아가고 싶은 유혹이 있었지만, 그는 그럴 때마다 성경을 꺼내 읽으면서 꿈에 대한 믿음을 회복하고 다시 힘을 내서 여행을 계속하였다.

험난한 여행을 시작한 지 15개월이 지난 1960년 1월, 그는 우간다 수도인 캄팔라(Kampala)에 도착한다. 기기에서 6개월 동안 머물면서 틈틈이 일도 하고, 시간이 있을 때는 도서관에 가서 책도 읽었다. 그 도서관에서 레그손은 미국의 대학을 소개해 놓은 책을 발견하게 된다. 미국의 대학을 쭉 훑어보는데 유독 레그손의 눈길을 사로잡은 대학이 있었다. 바로 스카짓밸리(Skagit Valley) 대학이었다.

그는 곧바로 그 대학 학장에게 편지를 썼다. 자신이 어떤 사람이고, 지금 형편이 어떠하며 내가 어떤 꿈을 가지고 있는지, 그리고 장학금이 없으면 대학에 다닐 수 없는 형편이라는 것까지 쭉 내용을 적어 담은 편지를 학장에게 보냈다. 스카짓밸리대학 학장은 레그손의 편지를 받고 감동하였다. 그리고 입학을 허락할 뿐만 아니라 장학금도 줄 것이고, 또 하숙비를 마련할 수 있도록 일자리까지 제공해주겠다고 레그손에게 답장을 썼다.

이 편지를 받았다고 모든 문제가 해결되는 것은 아니었다. 첩첩

산중처럼 한 문제가 해결되면 또 다른 문제를 해결해야 하고, 또 다른 문제를 해결해야만 했다. 미국에 가려면 여권이 있어야 하고 비자를 내야 하는데, 여권을 발급받으려면 말라위 정부에 출생증명서를 제출해야 했고 미국 비자를 받으려면 미국 왕복 항공권을 살 수 있는 여비가 있음을 증명해야 했다. 하지만 이 문제를 해결할 방법이 없었다.

그러나 레그손은 절망하지 않고 펜을 들었다. 그리고 자신에게 글을 가르쳐 준 선교사님에게 여권을 받을 수 있도록 도움을 요청했다. 놀랍게도 즉각적으로 말라위 정부는 여권을 발급해주었다. 이제 미국에 가려면 카이로에 가야 하고, 카이로에 도착하면 어떻게든 미국으로 가는 항공비를 마련해야 했다. 그는 다시 도보 여행을 시작했다. 돈 한 푼 없이 기진맥진한 상태로 수단의 수도인 하르툼(Khartoum)에 도착했다. 그 사이 레그손이라는 소년이 꿈을 이루기 위해 험난한 도보 여행을 하고 있다는 소문이 아프리카 대륙을 넘어 유럽과 미국에까지 퍼지게 되었다.

꿈을 이루기 위한 레그손의 마지막 고비는 비행기를 타고 미국으로 가기 위한 항공비를 모으는 것이었다. 이 소문을 듣고 스카짓밸리대학 학생들과 그곳의 시민들이 성금을 모아 보내주었고, 그 성금으로 1960년 12월 레그손은 미국 스카짓밸리대학에 도착했다. 그리고 그는 보물처럼 소중하게 간직한 두 권의 책, 성경과 ≪천로역정≫을 가슴에 안고 하늘을 향해 높이 솟아있는 스카짓밸리대학 정문으로 자랑스럽게 들어갔다. 훗날 이 소년은 대학을 졸업하고 꾸준히 공부를 계속

해서 결국 영국의 그 유명한 케임브리지대학 정치학 교수가 되었고, 좋은 글을 쓰는 존경받는 훌륭한 작가로 우뚝 서게 되었다. 부커 워싱턴과 에이브러햄 링컨처럼 레그손 역시 시작은 초라했지만, 온갖 역경을 딛고 일어나서 자신의 인생을 개척하고 도전해서 훌륭한 사람이 되었다. 그가 한 유명한 말이 있다.

"하나님이 인간에게 불가능한 꿈을 주실 때는 하나님이 그 꿈을 이루기 위해 도와주겠다는 의미이다."

레그손이 어렸을 때 꾸었던 꿈은 당시 현실에서는 결코 불가능해 보이는 꿈이었지만, 그는 무모하게 보이는 꿈에 도전하여 자신의 초라한 인생을 완벽하게 역전시킨 위대한 사람이 된 것이다.

꿈 전도사 김수영

≪멈추지 마, 다시 꿈부터 꿔봐≫(위즈덤하우스)의 주인공은 김수영이라는 친구다. 그녀는 1999년도 전라남도 여수의 실업계 고등학교인 여수정보과학고에 재학 중이었고, 이때 <KBS 도전! 골든벨>에서 제9대 골든벨의 주인공이 된 친구이다. 이 친구는 어렸을 때부터 꿈이 많은 아이는 아니었다. 초등학교 2학년 때 아버지의 사업이 부도가 나면서 광주에서 여수로 야반도주하다시피 이사를 했다. 농촌 마을 한구석에서 온 가족이 한 이불을 덮고, 재래식 화장실을 쓰면서 가난한 어린 시절을 보냈다.

아버지는 매일매일 술을 드셨고, 어머니는 파출부 일을 하면서

채찍질하는 부모
방향 없이 달리는 아이

근근이 생계를 꾸려갔다. 중학교 시절에는 일진에 들어가 활동하기도 하고, 술 담배는 기본이고 폭주족에 시도 때도 없이 패싸움을 했다. 17:1로 싸우다가 죽을 뻔하기도 하는 등 하루도 멍이 가실 날이 없을 정도로 그렇게 청소년 시절에 방황했다. 가출도 세 번이나 했는데, 거리에서 3개월을 보내던 중 당시 아이돌이라고 할 수 있는 '서태지와 아이들'의 노래인 <Come Back Home>을 들으면서 그 가사가 마음에 와닿게 되었다.

예전에는 자신 같은 사람은 아무렇게나 살아도 상관없고, 될 대로 되라는 식으로 살았다. 하지만 그 가사를 들으면서 젊다는 이유 하나만으로도 자신이 꽤 괜찮은 미래를 가질 수 있겠다는 생각을 깨닫게 된 것이다.

"그래 나도 한 번 해보자." 결심하고 다시 학교에 돌아왔는데 이미 학교에서는 재적 처리가 된 상태였다. 할 수 없이 검정고시를 거쳐 실업계 고등학교인 여수정보과학고에 입학하게 되었다. 부모님은 하루라도 네가 빨리 취직을 해서 집에 보탬이 되기를 원했다. 그런데 어느 날 신문을 보면서 더 넓은 세계를 보게 되었다.

"세상이 이렇게 넓은데 나는 지금까지 우물 안의 개구리 식으로 형편없이 살았구나!"
"그렇다면 이 넓은 세상에서 내가 무엇을 할 수 있을까?"

그러면서 그녀가 처음으로 꾸었던 꿈이 바로 기자가 되는 것이었다.

기자의 꿈을 이루기 위해서는 먼저 대학에 가야 했기에, 담임 선생님에게 대학에 가야겠다고 말씀드리니 선생님도 웃고 친구들도 다 비웃더란다.

"너 같은 애가 무슨 대학이냐."
"지금까지 우리 학교가 개교한 이래로 서울 4년제 대학에 간 사람이 없다."
부모님도 "우리 형편에 무슨 대학이냐, 빨리 취직을 해야지."라고 말씀하셨다.

하지만 그녀는 꿈을 포기할 수가 없었다. 만약에 여기서 포기한다면 평생 내 인생은 그저 그런 진흙탕 같은 인생이 될 것만 같아서 포기할 수가 없었다. 그때부터 그녀는 남들이 버린 문제지를 주어다가 지우고 풀면서 목숨을 걸고 공부했다. 그리고 그녀는 당시 수능 400점 만점에 375점을 맞고 자신이 그토록 원했던 연세대학교 영문학과에 당당히 합격하게 되었다. 문제는 등록금이 없었다. 마침 <KBS 도전! 골든벨>을 여수정보과학고에 하게 되었는데 아무 생각 없이 이 프로에 출전했다가 골든벨을 울리게 되었고, KBS에서 주는 장학금으로 대학에 들어가게 된 것이다.

많은 사람의 비웃음과 어려운 환경에도 불구하고 연세대학교 정시에 합격하고 대학에서 영문학과 경영학을 전공했다. 졸업 후에는 세계 최고의 투자은행인 골드만삭스에 입사했다. 그러나 그 기쁨도 잠시, 25살에 몸에서 암세포가 발견되었다. 수술을 마치고 죽기 전

채찍질하는 부모
방향 없이 달리는 아이

에 해보고 싶은 73개의 버킷리스트를 써 내려갔다. 그리고 2005년 무작정 런던행 비행기 표를 끊고 한국을 떠나 새로운 세계에서 도전을 시작했다. 런던대학교 동양아프리카연구학원(SOAS)에서 석사를 마치고, 세계적인 에너지 회사인 로열더치셸 영국 본사에 입사해 연 매출 800만 달러를 총괄하는 카테고리 매니저로 근무했다.

2011년에는 유럽, 중동, 아시아 365일간 25개국을 여행하며 365명의 삶과 꿈을 담는 '꿈의 파노라마' 프로젝트를 진행하기도 했다. 이어 2013년에는 아메리카, 아프리카, 오세아니아 22개국에서 108개의 사랑 이야기를 수집한 '러브 파노라마' 프로젝트를 진행하였고, 이렇게 25개월간 47개국에서 만난 500명의 이야기를 책으로 담기도 했다. 그녀는 다양한 방법으로 수많은 사람에게 꿈의 씨앗을 나누어주고 있다.

중학교 ≪진로와 직업≫(삼양미디어) 교과서에 실리기도 한 그녀의 이야기는 지금도 현재 진행형이다. 버킷리스트 73개의 목록을 83개로 늘리면서 부모님께 집 사드리기, 킬리만자로 오르기, 발리우드 영화 출연하기 등 다양한 꿈에 도전해온 그녀는 ≪꿈을 요리하는 마법카페≫(위즈덤하우스)에서 젊은 친구들에게 이렇게 말한다.

"성적을 위한 공부가 아니라 꿈을 이루기 위한 공부 말이야.
꿈이 생기니까 그 꿈을 이루기 위해 지식을 쌓아야 했고,
그러려면 공부를 해야 했거든.
그렇게 생각하니 그 싫던 공부가 재밌어졌어."

"너 스스로를 귀하게 여겨야 세상도 너를 귀하게 여겨 줄 거야.
그리고 네가 믿는 만큼 네 꿈들도 이루어질 테고.
그러니 매일 아침 이렇게 거울을 보고 스스로에게 말해주렴.
그러면 언젠가 세상에서 가장 특별한 너의 모습을 만나게 될 거야."
"꿈도 마찬가지야.
나나 다른 사람들이 도와줄 수는 있어.
하지만 내가 낳은 아이는 내가 키우는 것처럼 사람은 스스로 답을
찾을 때 마음이 움직여서 행동을 하고 그 꿈이 어떻게든 현실이
되지.
그건 결코 누가 대신해줄 수 없어."

"이렇게 약간의 요거트에 우유를 조금만 붓고 내버려 두면 우유
전체가 요거트가 되어 버려. 꿈도 마찬가지야,
약간의 용기로 시작하는 힘만 있으면 그 힘으로 쭉 가게 돼."

꿈 목록을 쓰고 그 꿈을 이루기 위해 꿈에 도전한 그녀는 어린
시절 꿈은커녕 가난한 가정 형편과 가정불화, 왕따로 인해 열두
살이라는 어린 나이에 자살을 생각하기도 했다. 더는 버틸 수 없
을 만큼 만신창이가 되었을 때 꿈이 생겼고, 주위에서 아무리 비
웃어도 포기할 수 없었던 그 꿈 때문에 그녀의 모든 상황은 역전
되었다.

이처럼 아이 스스로가 자신만의 가슴 뛰는 꿈을 꾸게 하는 것이
중요하다. 또 그 꿈을 이루기 위해서 스스로 비전을 세우게 하고

더불어 사력을 다해서 그것을 이루기 위해 노력하는 것이 무엇보다 중요하다. 막연하게 어렴풋이 꾸는 꿈과 소망, 이루어도 좋고 이루지 못해도 그만인 가치 없는 꿈을 꾸는 것이 아니라 정말 구체적이고도 분명한 꿈을 꾸게 하는 것이 중요하다.

사람들은 누구나 세상 가운데 선한 영향력을 끼치면서 하늘의 별과 같이 찬란하게 빛나는 삶을 살기 원한다. 뚜렷한 인생의 흔적을 남기길 원하면서 원대한 꿈을 꾼다. 하지만 세상에는 성공한 사람이 그리 많지 않다. 세상에 좋은 흔적을 남긴 사람들을 보면, 어렸을 때부터 원대한 꿈과 비전을 가지고 그것을 이루기 위해 집중하고 사력을 다해 노력했다. 그들이 처한 환경이 아무리 어려울지라도, 결코 좌절하거나 포기하지 않는 오기와 근성을 가지고 그것을 극복한 이들이다.

2장

부모들을 향한 쓴소리

좋은 부모는 어떤 부모일까? 아이를 다그치고 달달 볶아서 일류 대학에 보내면 좋은 부모요, 성공한 부모일까? 삼류 대학에 보내면 모두 실패한 부모일까? 혹시 우리 부모들이 착각하는 것은 아닐까? 그래서 무리를 해서라도 자녀를 좋은 학교, 좋은 학원에 보내려고 하는 것은 아닐까? 아이가 자신의 꿈과는 전혀 상관없이 소위 말하는 일류 대학에 들어가기만 하면 성공한 인생이 되고, 그런 일류 대학에 보낸 부모는 성공한 부모가 되는 것일까? 부모의 협박과 강요로 일류 대학에 들어갔지만 아이는 정작 행복하지가 않다는 사실을 분명히 알아야 한다. 나 역시도 두 딸을 둔 부모로서 보편적인 부모의 마음을 이해하지 못하는 바가 아니다. 나 역시도 그랬으니까.

하지만 지금처럼 부모가 아이를 윽박지르고 다그치고 달달 볶다가는 일류 대학은 고사하고 실패한 아이로 자랄 수 있다는 사실을 기억해야 한다. 일류 대학에 보내는 것보다 더 중요한 것은 아이가 좋아하는 것이 무엇인지를 찾도록 도와주고 아이 스스로 자신의 꿈을 꾸게 하고, 그 꿈을 위해 즐겁게 자신이 좋아하는 분야에서 실력을 쌓도록 하는 것이다. 좋아하는 분야에서 자신의 능력을 마음껏 펼쳐 나갈 수 있도록 도와주고 더불어 인격적인 아이로 자라갈 수 있도록 이끌어주는 부모가 좋은 부모가 아닐까? 공부만 강요하다가 나중에 아이가 홀로서기를 해야 하는 시기에 정작 홀로서기를 하지 못해서 자신을 그렇게 키운 부모를 원망하는 일이 생기지 않도록 제대로 교육해야 할 것이다.

유대인의 가정 교육

요즘 출간되는 책들 가운데 유대인의 가정 교육과 관련된 책이 많다. 여러 미디어를 통해 유대인의 가정 교육에 대해서도 논의되고 있다. 유대인의 가정 교육이 주목받고 있는 이유는 간단하다. 적은 인구 비율에 비해 세계적으로 위대하고 훌륭한 사람들이 많기 때문이다. 발명가 에디슨부터 시작해서 정신분석학자 프로이트, 국제적 금융 재정 가문인 로스차일드, 지휘자 주빈 메타, 영화감독 우디 엘런과 스티븐 스필버그, 페이스북 창업자 마크 저커버그, 구글 창업자 래리 페이지와 세르게이 브린, 델 컴퓨터 창업자 마이클 델 등 셀 수 없이 많다. 유대인은 세계 인구의 0.2%밖에 되지 않지만, 역대 노벨상 수상자의 25%, 역대 노벨경제학상 수상자의 41%, 아이비리그 학생의 23%, 미국 억만장자의 40%를 차지하고 있다.

EBS의 <세계의 교육현장>에서 유대인의 가정 교육을 소개한 적이 있는데 이 내용을 몇 가지로 요약할 수 있다.

첫째, 아이에게 "안 돼! 하지 마!"라고 하지 않는다.

아이를 키울 때 어떻게 이런 말을 사용하지 않고 키울 수 있을까. 아이를 키우다 보면 하루에도 "하지 마! 안 돼! 그러면 못써!"라는 말을 수없이 하지 않는가? 그러나 아이가 말썽을 피우거나 잘못된 행동을 했을 때 부모가 단지 잔소리와 꾸지람으로 그것을 멈추게 한다면, 아이는 자기가 무엇을 잘못했는지 스스로 깨달을 수 없고, 그것이 왜 잘못된 행동이었는지조차 깨달을 수 없다.

부모의 강압적인 말에 아이가 자신의 잘못된 행동을 멈추었다면 그것은 잠깐이나마 그 공포의 순간을 모면하고자 한 것뿐이다. 또한 어떤 요구가 생겼을 때 "안 돼! 하지 마!"와 같은 언어로 강하게 억압해버린다면, 아이들은 다양한 사고를 할 수 없게 된다. 그렇다면 유대인 부모들은 이런 상황에서 어떻게 아이들을 교육할까? 유대인들은 아이가 잘못된 행동을 하였을 때 그 상황에 관하여 질문하고 아이 스스로 잘못된 행동에 대해 대답해볼 수 있게 한다. 스스로의 문제점에 관해 대답함으로써 잘못을 깨닫게 하고 다른 대안을 제시하여 올바른 해답을 가질 수 있도록 유도한다는 것이다.

다음 상황은 엄마가 아이를 야단치지 않고 다른 대안을 제시함으로써 아이의 마음을 풀어주는 좋은 예이다.

형과 동생이 같이 놀이 활동을 한다. 형이 먼저 장난감 하나를 선택해 놀이를 시작하는데 동생은 형이 가지고 있는 장난감을 보고 그건 좀 전에 내가 먼저 가지고 놀던 거라면서 형이 가지고 놀고 있는 장난감을 원한다. 엄마는 아이에게 "안 돼! 형이 먼저 하고 있잖아!"라고 하거나 야단치는 대신에 아이에게 다양한 다른 놀이나 활동을 끊임없이 여러 번 제안하고 보여줄 수 있다. 그러면 아이는 엄마의 이런 정성과 노력에 마음이 풀려 엄마가 제안한 놀이를 하게 된다.

물론 모든 아이가 이렇게 순조롭지 않겠지만, 유대인의 교육법은 소리를 지르거나 야단치지 않고 잘못에 대해 끊임없이 대화하고 질문함으로써 스스로 잘못을 깨닫게 한다. 어찌 보면 이런 자녀 교육법은 부모의 큰 인내심이 필요한 게 아닐까 생각된다. 유대인의 부모처럼 이런저런 대안을 아이와 같이 생각하게 된다면 그 아이는 성인이 되었을 때도, 자기가 무언가 원하는 것이 생겼을 때도, 그리고 여러 가지의 선택이 생겼을 때도 다양하고 유연하고 창의적으로 사고하게 된다.

둘째, 잠자기 전에 책 읽어주기.
유대인들은 자기 전에 자녀에게 꼭 책을 읽어준다. 자기 전에는 책에 대한 집중도가 높고 부모의 책 읽는 소리에 정서적으로 안정되어서 일석이조의 효과를 얻을 수 있다. 그래서 그런지 우리나라 부모들도 아이가 잠들기 전까지 아이 머리맡에서 책을 읽어준다.

셋째, 자녀와 함께하는 시간 만들기.
"사람이 살아가는 데 아무도 빼앗아 갈 수 없는 것은 지식뿐이다."라는 속담이 있을 정도로, 유대인은 지식 교육을 중요시한다. 흔히 우리나라에서 말하는 조기교육과 비슷한 맥락에서, 유대인들은 아이들이 세 살쯤부터 모국어와 영어를 모두 가르치며 교육한다. 하지만 우리나라 조기교육과는 다른 점은 바로 부모가 교육한다는 점이다. 이 점은 모든 유대인 부모가 교육자로서 뛰어나다는 것은 아니다. 아이들은 부모와 함께 많은 시간을 보내면서 정서적인 안정감과 부모에 대한 존경, 그리고 스스로의 자존감이 높아지게 된다. 그러면서 학습 능률도 덩달아 오르게 되는 것이다.

유대인들은 자녀에게 탈무드를 가르치기 위해 매주 토요일 아버지와 함께 가까운 예배당에 모여 공부한다. 아버지와 함께 탈무드를 공부하면서 아이들은 아버지가 자신과 함께 시간을 보낸다는 것을 알게 되고, 자신을 얼마나 사랑하는지를 알게 될 뿐만 아니라 부모님에게 자신이 얼마나 소중한 존재인지도 깨닫게 된다. 이것을 알았을 때 아이의 자존감이 높아지고, 부모에 대한 존경심도 커지며, 바른 인성을 가진 아이로 성장하게 된다. "자녀가 있는 유대인의 인생은 아이들을 키우는 것이고 모든 관심사는 아이들이 제대로 자라는 것이다."라고 말할 정도로 유대인들은 아이들과 자녀 교육을 정말 소중하게 여긴다.

넷째, 자선과 기부, 선행 교육의 강조.
유대인들은 18개월 정도 때부터 아이에게 선행을 가르친다. 아이에게 기부를 목적으로 하는 저금통을 주고 매일매일 동전을 넣는 행동을 가르치면서, 동전은 입으로 들어가는 것이 아니라 저금통에

넣는 것임을 자연스럽게 알게 한다. 그것을 시작으로 아이들은 어
렸을 때부터 남을 돕는 일에 직접 참여하여 보람을 느끼게 한다.
늘 어려운 사람들을 보면서 자신들이 가진 것을 나누고 함께 더불
어 살아가는 법을 가르친다. 이런 선행 교육을 통해 아이들은 스스
로 철없던 행동을 반성하고 성숙한 아이로 자라게 된다. 봉사활동
경험이 많은 아이들은 자신의 존재와 활동에 대해 자부심을 느끼고
남들을 리드한다. 보다 커다란 비전을 생각하는 큰 그릇으로 성장
해가게 된다.

　평범한 아이도 세계 최강의 인재로 키워내는 탈무드식 자녀 교육
이 주목을 받으면서, ≪부모라면 유대인처럼≫(위즈덤하우스)의 저자 고
재학은 유대인의 우수성은, 앞에서 피력했듯이, 유대인의 독특하면
서도 평범한 교육법에 기인한다고 말한다. 유대인의 자녀 교육의
핵심은 지식 교육과 인성 교육의 균형에 있다. 즉 지식 교육과 인
성 교육은 전인 교육을 말하는 것인데, 유대인은 자녀에 대한 전인
교육을 실제 일상생활에서 규범처럼 여기면서 실천한다. 유대인들
은 자녀 교육을 신에 대한 의무라고 생각하면서 교육적 가치를 실
현하기 위해서 끊임없이 노력한다. 이들의 전인 교육은 다방면에서
이루어진다.

　유대인은 아이가 어릴 때부터 가정 교육을 엄격하게 한다. 아침
밥을 거르지 않고 저녁에는 온 가족이 함께 모여 식사를 한다. 또
한 값비싼 장난감이 아닌 생활 소품으로 아이랑 놀아주고, 잠자기
전에는 꼭 책을 읽어준다. 이것은 누구나 할 수 있는 사소해 보이

는 습관이지만, 유대인을 강하게 만드는 원동력이 되고 있다. 이런 생활 습관과 규칙을 통해, 아이들의 습관, 품성, 인격, 나아가 지능까지도 가정에서 결정된다고 해도 과언이 아니다.

유대인의 지혜와 생활 규범을 기록한 탈무드에는 이렇게 쓰여있다. 질문과 토론을 중요시하는 대목이다.

"교사 혼자서만 얘기해서는 안 된다. 만약 학생들이 말없이 듣고만 있다면 앵무새를 기르는 것과 무엇이 다르겠는가. 교사가 이야기하면 학생은 거기에 대해 질문해야 한다. 둘 사이에 주고받는 말이 활발하면 할수록 교육 효과가 높다."

이렇게 유대인들은 교육에 있어서 혼자 가만히 듣기만 하는 것을 극도로 경계한다. 궁금한 것, 알고 싶은 것이 있다면 언제든지 질문하도록 격려한다. 부모도 아이가 어떤 질문을 하든 쓸데없이 별것을 다 물어본다고 핀잔을 주지 않고, 아이가 의문점을 스스로 찾아내고 답을 찾을 수 있도록 묵묵히 지켜본다. 아이가 스스로 묻고 답하는 과정은 사고력과 창의력을 키우는 지름길이 되기 때문이다.

유대인 중에는 유명한 사람이 많지만, 그중에서도 유독 부자들이 많다. 유대인을 부자로 만드는 데에는 현실적인 꿈을 꾸게 하는 교육이 바탕을 이루고 있다. 허황된 꿈은 좌절감을 주지만 실현 가능한 목표는 최대한의 잠재력과 에너지를 끌어내는 데 오히려 촉매역할을 한다.

이렇게 유대인의 교육과 지혜가 담겨 있는 탈무드는 지식을 알려주는 책이 아니라 방법을 알려주는 책으로 유명하다. 세상에는 한 가지 답이 아닌 수많은 답이 존재하며 스스로 그 답을 찾아야 한다고 가르쳐주고 있다.

비폭력 언어를 사용하라

사춘기 자녀를 둔 부모들이라면 한번 깊이 생각해보자.
하루에도 수많은 전쟁을 자녀들과 하지 않은가?

식사할 때,
등교시킬 때,
학교 마치고 집에 돌아왔을 때,
공부는 하지 않고 스마트폰만 붙잡고 있을 때,
학원에 보낼 때,
아무것도 아닌 작은 문제들로 인해서 자녀와 갈등을 빚고 서로 충돌하는 경우가 얼마나 많은가?
거침없이 변해가는 아이,
때로는 부모의 말씀에 대들거나 뭘 물어보는데 대꾸조차 하지 않는 아이,

그래서 엇나가는 아이를 바로잡기 위해 때로는 강하게 아이를 다루지만, 그럴수록 반항심만 더 커진다. 노심초사하면서 살얼음판을

걷는 심정으로 아이를 양육하고 있다. 어떻게 하면 아이와 좋은 관계를 유지하면서 행복하게 아이를 키울 수 있을까?

요즘 비폭력 대화(Non-Violent Communication: NVC)가 주목을 받고 있다. 비폭력 대화는 미국의 마셜 로젠버그 박사에 의해 최초로 제창되었으며 한국에서는 캐서린 한이 국제 공인 트레이너로서 보급에 앞장서고 있는 개념이다. 폭력이란 거칠고 사납게 무력을 행사해서 상대방을 제압할 때에 쓰는 물리적인 수단이나 힘을 의미한다. 그래서 우리는 폭력이라는 단어를 듣기만 해도 무섭다. 폭력에는 여러 가지가 있지만 가장 사람을 아프게 하는 폭력은 언어폭력이다.

사소한 말 한마디로도 상대방을 죽일 수 있다. 가시 돋친 말 한마디, 농담이라도 함부로 내뱉어서는 안 된다. 우리가 살면서 수없이 뿌려놓은 언어의 씨들이 언제 어디서 어떻게 무슨 열매를 맺을지 모르기 때문에, 말을 내뱉을 때는 조심하고 또 조심해도 결코 지나치지 않다. 무심코 내뱉은 말은 어디선가 뿌리를 내리고 나중에는 그 싹이 자라고 꽃을 피우고 반드시 열매를 맺게 된다는 사실을 알아야 한다. 좋은 말의 씨를 뿌리면 좋은 말의 열매를 맺을 것이고, 나쁜 말의 씨앗을 뿌리면 나쁜 말의 열매를 맺게 되는 것은 당연하다.

우리는 말을 하지 않고는 살 수 없는 존재들이기 때문에 말을 할 때는 상대방에게 상처를 주지 않는 정갈한 언어를 사용할 수 있어야 한다. 또 경박하지 않고 품위 있는 말 한마디가 상대방을 유쾌

하게 하고 행복하게 만든다는 것을 아는 지혜로운 언어의 주인이
되어야 한다. 특히 자녀에게 나쁜 감정이 실려있는 말을 함부로 하
면 자녀는 부모의 언어폭력으로 인해서 마음에 깊은 상처를 받는다
는 것을 늘 생각해야 한다. 사랑을 거스르는 경솔한 말을 제어할
줄 아는 슬기로운 부모가 되어야 한다.

우리는 끊임없이 대화하며 살아가야 하는데 그렇다면 어떻게 해
야 자녀와의 대화 속에서 상처 주지 않는 말을 할 수 있을까? 어떻
게 하면 아이의 자존감을 높여주는 말을 할 수 있을까? 어떻게 하
면 자녀와 소통하면서 행복한 자녀 교육을 할 수 있을까? 사춘기
아이를 둔 부모는 버르장머리 없이 변해가는 아이를 보면서 속이
상할 때가 많다. 아이가 거칠게 대들거나 말대꾸라도 할라치면 호
되게 야단쳐야 할 것 같은데, 그러면 오히려 반항심만 키우지 않을
까 염려되기도 한다. 그렇다면 어떻게 해야 자녀와의 관계 속에서
평안이 가득한 행복한 가정을 이룰 수 있을까? 그것은 소통의 문을
여는 비폭력 대화를 통해서 가능하다. 비폭력이란 자신의 목적 달
성을 위해 상대방에게 물리적인 힘이나 방법을 사용하지 않는 것을
의미한다. 그리고 비폭력 대화란 말 그대로 비폭력 대화를 사용해
서 자녀와의 소통의 문을 열 수 있는 즐거운 대화법이다.

많은 부모가 자녀와 대화하고 싶어 하지만, 대화하다가 큰소리가
나면서 늘 관계가 어긋나고 만다. 그러나 한번 생각해보라. 나의 말
투나 태도 때문에 관계가 어긋나는 것은 아닌지. 많은 경우 부모의
강압적인 말투와 태도가 자녀에게 깊은 상처를 주고 때로는 오해를

불러일으키기도 한다. 그런데 정작 부모들은 이런 사실을 모르고 아이에게만 문제가 있다고 생각하는 경향이 많다.

그러므로 아이와 원만한 소통이 이루어지기 위해서는 부모가 제대로 공부해야 한다. 4차 산업혁명 시대를 살아가는 자녀의 마음을 부모의 말 한마디로 움직인다는 것은 결코 쉽지 않다. 한창 감수성이 예민해지는 사춘기 자녀의 마음을 감동시키려면, 따뜻한 말, 공감해주는 말, 존중해주는 말로 부모의 언어와 태도부터 변해야 가능한 일이다.

한겨레 에듀의 이윤정 씨가 발췌한 <아이에게 바로 적용 가능한 비폭력 대화법 4단계>의 내용을 보면, 부모가 일상에서 폭력적인 말로 아이를 후려치고 있지는 않은지 생각해보게 된다. 부모는 아이를 사랑하는 마음으로 한마디 했지만, 아이는 부서져라 문을 닫고 자기 방으로 들어가 버린다. 부모는 당장 쫓아가서 한 대 쥐어박고 싶은 심정이다. 그 충동을 간신히 참고 타이르기 위해 조용히 아이 방으로 들어가려고 하는데, 방문이 굳게 잠겨 있다.

그럴 때 부모의 마음은 더 복잡해진다. 오로지 아이를 위해서 모든 것을 아낌없이 쏟아부었지만 대체 어디서부터, 무엇이 잘못되었단 말인가? 어떻게 해야 좋단 말인가? 사춘기에 있는 아이의 마음을 움직이려면 아이를 감동시킬 수 있어야 한다. 그 감동은 따뜻한 말 한마디, 그리고 아이를 존중하는 태도와 눈빛에서부터 일어난다. 자녀를 감동하게 하는 배려와 존중의 말, 이것이 요즘 대세라고 할 수 있는 비폭력 대화이다.

  부모가 아이들에게 비폭력 대화를 실천하면 자신들도 행복할 뿐
만 아니라 아이들도 행복해진다. 왜냐하면 대한민국 남성들은 어려
서부터 수많은 또래와 비교당하고 경쟁하면서 자랐기 때문에 자신
의 감정에만 충실할 뿐 타인의 감정 따위는 관심이 없어서 상대방
의 감정을 제대로 읽고 형편을 이해하는 데 너무나 서툴기 때문이
다. 오랜 시간 동안 비교와 경쟁의 말을 듣다 보면 자신도 그렇게
닮아 간다. 그래서 아버지들은 자신이 얼마나 폭력적인 대화를 하
는지조차 모르는 경우가 많다. 자녀의 감정 따위는 아랑곳하지 않
고 오로지 부모 자신의 감정에만 충실해서 자녀에게 무조건 화내거
나, 자녀의 감정에 공감하기보다는 자신의 감정대로 자녀를 공격적
인 말로 후려치고 상처를 준다. 자녀에게 손찌검의 여부로 폭력과
비폭력을 구분하면서 손찌검을 하지 않는 것을 비폭력 대화로 잘못
이해한 탓이다. 예컨대 아이의 버릇없는 말본새에 즉각 반응하지
않고 단지 참았다고 해서 그것을 비폭력 대화라고 할 수 없다는 것
이다. 비록 자녀에게 단 한 번도 매를 들지 않았다고 하더라도, 혹
은 자녀가 부모 듣기 좋은 말을 한다고 하더라도 말이다.

채찍질하는 부모
방향 없이 달리는 아이

비폭력 대화란?

비폭력 대화는 삶의 언어, 혹은 '연민의 대화'라고도 한다. 비폭력이라는 용어는 간디가 사용한 것과 같은 의미로, 우리 마음 안에서 폭력을 가라앉히고 자연스럽게 인간의 본성인 연민으로 돌아간 상태를 의미한다. 비폭력 대화를 창안한 미국의 마셜 로젠버그 박사는 "인간은 누군가의 삶에 기여할 때 기쁨을 느끼는 본성이 있다."라고 전제하면서 두 가지를 고민한다. 인간은 왜 살아가면서 그 본성을 잃어가는지, 그리고 어떤 사람이 어려운 상황에서도 인간성을 유지하면서 살아갈 수 있는지, 그 해답은 언어의 차이였다.

사람들은 자기가 폭력적이라고 생각하지 않으면서도, 본의 아니게 상대방에게 말로 상처를 입히고 마음을 아프게 하는 경우가 허다하다. 그러나 비폭력 대화는 상대방과 유대 관계를 맺으면서 스스로를 깊이 이해하는 데 도움이 되는 대화 방법이다. 비폭력 대화의 기술에는 말하기뿐 아니라 듣기도 포함된다. 비폭력 대화를 창안한 마셜 로젠버그는 유대계 미국인으로서, 어린 시절부터 경험한 인종차별과 갈등으로 비폭력 대화에 깊은 관심을 두게 되었다. 평생 폭력에 대항하는 새로운 형태의 대화법을 찾고자 노력하는 가운데 개발된 것이 바로 비폭력 대화이다.

비폭력 대화는 자신의 감정을 표현하고 상대방의 말을 듣는 방법을 재구성하도록 이끌어주며, 관계 속에서 효과적인 변화를 가져올 수 있는 힘이 있다. 비폭력 대화법을 익히게 되면 상대방의 말에 즉각적으로 반응하는 것이 아니라 자신이 무엇을 관찰하고, 느끼고, 원하는가를 의식하면서 이를 바탕으로 정직하면서도 명확하게 자신을 표현할 수 있게 된다. 상대방의 말을 경청하면서 정중하고 솔직하게 관심을 보일 수 있게 되는 것이다.

많은 부모가 자녀와 소통하는 데 어려움을 겪고 있으며, 아이가 사춘기에 접어들면서는 더더욱 그렇다.
어떤 부모가 자녀에게 좋은 부모가 되고 싶지 않겠는가?
좋은 부모가 되고 자녀의 사춘기를 이해하고 싶다면
부모와 자녀의 관계에서 무엇이 문제인지 알기 원한다면
때로 자녀와 갈등이 생겨 감정 컨트롤하지 못하고, 하지 말아야 할 말을 쏟아낸다면
혹은 자녀와 행복한 관계를 맺기를 원한다면
비폭력 대화법에 관심을 가지고 이 방법을 익히도록 권면하고 싶다.

자녀에게 하는 말에도 해도 되는 말이 있고 해서는 안 되는 말이 있다. 그리고 해도 되는 말일지라도 잘해야 하고 제대로 해야 한다. 그렇지 않으면 부모가 좋은 의도를 가지고 하는 말이지만 그 좋은 의도가 가려진 채 아이에게 상처로 남게 되는 경우가 많기 때문이다.

부모라 할지라도 결코 자녀에게 함부로 말을 해서는 안 된다. 특히 자존감을 흔드는 말은 더더욱 해서는 안 된다. 어떤 경우라도

해서는 안 되는 말이 있는데 그 말은 재고의 여지 없이 아이를 죽이는 말이다.

"너는 누굴 닮아서 그 모양이야."
"누구는 잘하던데. 그 반만 닮아라."
"왜 그렇게 생각이 없니?"
"나가 죽어"
"왜 사니?"
"너는 밥 먹을 자격도 없어"
"널 왜 낳았는지 후회가 된다."
"그러고도 네가 인간이야?"
"네 눈앞에서 사라져."

이런 말들은 어떤 경우라도 해서는 안 된다. 아이의 존재 자체를 부정하는 말이기 때문이다. 그리고 아이는 이런 언어폭력으로 상상할 수 없을 만큼 큰 상처를 받게 되기 때문이다.

많은 부모가 자녀에게 일상적으로 내뱉는 폭력적 언어는 비난, 비판, 모욕, 반박, 협박, 강요, 분석, 꼬리표 붙이기, 비교하기, 경쟁 붙이기, 상과 벌의 정당화, 책임을 부인하는 말, 강요, 아이를 평가하는 말 등이다. 부모는 아이의 행동이나 말이 자신의 가치관이나 생각과 다를 때 폭력적인 언어를 사용하게 되는데, 이것을 '도덕주의적 판단 언어'라고 한다. 즉 자신의 가치관과 맞지 않는 다른 사람의 행동을 나쁘다거나 틀렸다고 하는 것을 의미한다. 삶을 소외시키는 대화의 한 유형이라고 할 수 있다. 아이들은 모욕적인 말이나 비난하는 말, 반박하는 말을 듣게 되면 귀를 닫아 버린다.

"너 지금 제정신이야?"

"미친 거 아냐?"

"네가 사람이야?"

"인간이면 그렇게 못 하지."

"시끄러워, 이 새끼야! 뭘 잘했다고 꼬박꼬박 말대꾸야."

"됐거든, 너나 잘해."

"네가 대학에 붙으면 내 손에 장을 지진다."

"넌 도대체 누굴 닮아서 그러는 거야?"

"하나를 보면 열을 알지."

"당장 그만두지 못해?"

"네가 하는 것이 늘 그렇지 뭐."

"엄마가 이런 일로 네 담임 선생님 전화나 받아야겠어?"

"그러니까 네가 발전하지 못하는 거야."

"말본새 좀 봐라."

"그렇게 멍청해서 뭘 하겠어?"

"언제나 철이 들래."

이 모든 것이 폭력적 언어이며, 이쯤 되면 폭력적 대화로부터 자유로운 부모는 그리 많지 않을 것이다. 그렇다면 부모 자녀 간에 이루어지는 폭력적 대화의 원인이 무엇일까? 그것은 자녀의 공부와 성적 때문일 것이다. 아이의 성적에다 엄마 아빠의 자존감을 투영시키다 보니 대화에는 늘 날이 서게 되고, 아이는 마음에 병이 든다. 이런 환경 속에서 자란 아이는 어른이 되어서 부모가 자신에게 그렇게 했던 것처럼 똑같이 자녀를 지배하게 되는 악순환이 반복된다.

부모가 자녀에게 폭력적 언어를 사용하는 기저에는 아이의 성공을 통해 얻으려는 자신의 욕구가 깔려있다. 나 또한 이 대목에 자유롭지 못했다. "다 너를 위한 것이고, 네가 잘되라고 하는 거야." 이 말 속에는 자녀의 성공을 통해 자신의 욕구를 충족하려는 의도가 담겨 있다고 해도 결코 틀리지 않을 것이다. 아이는 그런 부모의 폭력적 언어에 몸서리치게 된다. 어찌 보면 부모의 폭력적인 언어가 아이를 죽이는 무기가 되어 버리는 것이다.

말은 사람을 죽이기도 하지만 살리기도 한다. "말 한마디로 천냥 빚을 갚는다."라는 속담이 있지 않은가? 옛날 시골 장터에서 박씨 성을 가진 나이 지긋한 백정이 고기를 팔고 있었다. 어느 날 젊은 양반 두 사람이 고기를 사러 왔는데 한 양반이 말하기를, "어이 백정! 고기 한 근만 다오." 하니 백정이 "예, 그러지요." 하면서 솜씨 좋게 고기를 칼로 썩 베어 내주었다. 또 다른 한 양반은 상대가 비록 천한 백정이긴 했으나 나이 지긋한 사람에게 함부로 말하기가 민망하여서 "박 서방, 고기 한 근 주시게."라고 말하자 백정이 "예, 고맙습니다." 하면서 솜씨 좋게 고기를 잘라 주는데 먼저 말한 양반보다 고기가 훨씬 많았다. 그때 먼저 말한 양반이 소리쳐 따져 물었다. "야 이놈아! 같은 한 근인데 어째서 이 양반 것은 나보다 배나 많은 것이냐?" 그러자 나이 지긋한 백정은 "예, 그야 손님 고기는 백정이 자른 것이고, 이 어른 고기는 박 서방이 자른 것이니까 그렇지요."라고 대답했다. 이렇듯 존중과 배려, 공감하는 마음이 담긴 말은 상대방을 유쾌하게 한다.

비폭력 대화가 시작되는 순간, 아이의 문제가 부모 자신에게 비롯되었다는 사실을 알게 된다. 부모가 자녀와 진심으로 소통하기를 원한다면, 사랑으로 포장된 일방적인 강요와 폭력적인 언어를 내려놓고 아이를 관찰해야 한다. 아이가 지금 무엇을 원하는지, 부모가 아이의 욕구에 관심을 보이는 것만으로도 많은 변화를 경험하게 될 것이다.

비폭력 대화 4단계

비폭력 대화를 창안한 미국의 마셜 로젠버그 박사의 ≪비폭력 대화≫^(한국NVC센터)의 네 단계를 요약해보면 다음과 같다.

1단계 : 평가하지 않고 관찰하기

마셜 로젠버그 박사의 비폭력 대화의 첫 번째 단계는 '평가와 관찰 분리하기'이다. 우리는 상대의 말을 듣는 순간 바로 피드백하기 위해 평가의 단어를 써 버린다. 대부분 사람은 평가에 매우 익숙해 있으면서도 그것이 평가인지 관찰인지 제대로 구분하지 못하며, 평가를 관찰로 착각하는 경우가 그 반대의 경우보다 훨씬 많다. 그런데 관찰과 평가를 제대로 구분하지 못하고 대화하면 상대방은 십중

팔구 이를 비판으로 받아들이게 되고 더 이상의 진전이 없게 된다. 그러므로 관찰과 평가를 구분하는 것은 매우 중요하다. 평가의 말을 관찰로 분리해보자.

> (평가) "요즘 아이들은 버르장머리가 없다."
> → (관찰) "우리 딸 친구를 만났는데 인사를 안 하더라."
> (평가) "하은이는 낭비가 너무 심해."
> → (관찰) "하은이는 운동화를 다섯 켤레나 가지고 있어."

2단계 : 느낌과 생각 구별하기

비폭력 대화의 두 번째 단계는 느낌을 알아차리는 단계이다. 평가를 배제하고 객관적으로 관찰하는 1단계에 익숙해졌다면, 2단계에서는 그 관찰 결과로 인한 느낌을 알아차리도록 노력해야 한다. 이때 중요한 것은 바로 '느낌과 생각 구별하기'이다. 평소에 사람들은 "느낌 아니까."라는 말을 자주 사용하지만, 실제로 그중에서 상당수는 느낌이 아니라 생각인 경우가 많다.

> (생각) "넌 나를 괴롭게 해."
> → (느낌) "난 괴로워."
> (생각) "이럴 땐 과감하게 결정해야 한다고 느껴."
> → (느낌) "결정하기가 너무 힘들어."

3단계 : 수단과 방법이 아닌 욕구에 맞추기

비폭력 대화의 세 번째 단계는 느낌을 유발하는 내면의 욕구 찾아내기이다. 운전 중 방향등을 켜지도 않고 갑자기 끼어드는 차가 있다면, 우리는 그 차의 운전자를 향해 강한 분노를 느낄 것이고 화를 참지 못할 것이다. 자신도 모르게 욕을 내뱉는 사람도 많다. 그렇다면 우리가 분노를 느낀 원인이 뭘까? 사람들은 대부분 "매너를 안드로메다로 보낸 그 싸가지 없는 자동차 운전자 때문이지."라고 말할 것이다. 만약에 그 차의 운전자가 양수가 터진 만삭의 아내를 뒷좌석에 태운 채 정신없이 운전하느라 방향등 켜는 것을 잊어버릴 정도로 경황이 없었다는 사실을 알게 된다면, 그럴 때도 우리가 느낀 분노의 원인이 그 운전자 때문일까?

비폭력 대화 세 번째 단계에서 기억해야 할 가장 중요한 것이 바로 이것이다. 우리 외부의 자극은 유발 자극이 될 수 있지만, 내 느낌의 원인은 아니라는 것이다. 그렇다면 우리 느낌의 원인은 무엇일까? 그것은 내면의 욕구이다. 비폭력 대화에서는 다른 사람에 대한 비판은 충족되지 않은 자기 욕구의 왜곡된 표현이라고 말한다.

A) "어제 만나기로 한 약속을 네가 지키지 않아서 정말 실망했어."
B) "고민이 있어서 너와 상의하고 싶었는데 네가 약속을 지키지 않아서 정말 실망했어."

A와 B의 차이를 알겠는가? A는 자신이 느낀 실망감의 원인을 자신의 내면에 자리 잡은 좌절된 욕구에서 찾지 않고 상대방에게 모두 돌리는 말이다. B는 자신의 욕구(걱정거리에 관해 상대방과 상의하고 싶은 욕구)가 충족되지 않았기 때문에 실망을 느낀 것을

채찍질하는 부모
방향 없이 달리는 아이

인식한 상태에서 하는 말이다.

우리는 비폭력 대화의 2단계에서 알아차린 느낌을 상대방에게 전달할 때, 자신의 욕구와 연결하여 표현해야 한다. 그러자면 당연히 내면의 욕구가 무엇인지 찾는 연습을 해야 한다. 자신의 욕구와 느낌을 연결해서 상대방에게 표현하면, 상대방은 자신이 공격당한다는 느낌 없이 말한 사람에게 공감하고 경청하게 되는 것이다. 느낌과 욕구를 연결하는 표현은 다음과 같다.

"엄마는 네가 건강하게 자라기를 바라기 때문에 음식을 너무 먹으면 걱정이 돼."

"서로 존중받아야 할 존재인데, 네가 나를 그렇게 함부로 대하면 정말 화가 나."

"오늘 저녁 가족 모두 함께 식사하고 싶었는데, 하람이가 참석을 하지 못한다니 아빠가 많이 섭섭하네!"

"지금쯤 학습 진도가 어느 정도 진행됐으면 했는데, 그렇지 못해서 정말 걱정이네."

"버스를 타고 왔으면 아마도 제시간에 도착하지 못했을 텐데, 자동차로 여기까지 태워다줘서 제시간에 올 수 있었어요. 고마워요"

4단계 : 부탁과 강요 구별하기

마셜 로젠버그 박사의 비폭력 대화의 네 번째 단계는 삶을 풍요롭게 하기 위한 부탁하기이다. 상황을 평가하지 않고 객관적으로 관찰한 뒤 평가에 오염되지 않도록 주의하면서 자신의 느낌을 알아차리고, 그 느낌을 유발하는 내면의 욕구까지 발견했다면, 이제 마지막으로 문제를 해결하거나 삶을 풍요롭게 하기 위해 부탁을 할 차례이다. 삶을 풍요롭게 하는 부탁을 제대로 하려면 다음과 같은 부탁의 원칙을 잘 익히면 된다.

- **긍정적인 행동과 언어를 사용할 것**

  "~하지 마."와 같은 부정적인 언어를 사용하면 무엇을 부탁하는 것인지 분명하지도 않을뿐더러 무엇보다도 듣는 상대방의 저항을 불러일으킨다. 그렇게 되면 당연히 부탁을 들어줄 가능성이 줄어든다.

  A) "게임 좀 제발 그만할 수 없니?"
  B) "시험이 얼마 남지 않았는데 이제 공부를 좀 하는 것이 어떻겠니?"

- **구체적으로 명확하게 부탁할 것**

  우리가 단순히 느낌만 표현한다면 듣는 사람은 우리가 무엇을 부탁하는지 분명히 알아차리지 못하게 될 것이다.

  A) "여보! 나는 당신이 아이들에게 사랑을 표현해줬으면 좋겠어요."
  B) "여보! 나는 당신이 퇴근했을 때 잠시라도 아이들을 안아줬으면 좋겠어요."

- **말하는 사람의 느낌과 욕구를 함께 표현할 것**

  말하는 사람의 느낌과 욕구를 함께 표현하지 않으면 듣는 상대방은 자신의 자율성과 자유 의지를 침해한다고 느끼기 쉽다. 따라서 말하는 이의 의도와 상관없이 방어하거나 대응 논리를 만들어내고 당연히 삶을 풍요롭게 하려는 원래의 목표는 물 건너가게 된다.

채찍질하는 부모
방향 없이 달리는 아이

부탁의 원칙을 잘 지켰는데도 상대방이 내가 한 말을 제대로 알아들었는지 확신이 없다면, 고민하지 말고 상대방이 어떻게 들었는지 다시 말해달라고 부탁하는 것이 좋다. 다만 상대방이 기분 나쁘지 않게 "내가 하고 싶은 이야기를 제대로 했는지 자신이 없어서 그런데, 방금 들은 말을 어떻게 들었는지 한 번만 말해줄래."와 같이 정중하게 부탁해야 한다.

부탁에 응하지 않은 상대방에게 죄의식을 느끼게 하는 것은 이미 강요이다. 곰곰이 생각해보면 우리가 부탁이라고 이름 붙인 것 중에는 상당수가 부탁이 아닌 강요임을 알게 된다.

(강요) "난 네 방에만 오면 속이 터진다."
→ (부탁) "교복은 침대 위에 있고, 양말은 의자 위에 있네.
교복은 옷장에 걸고 양말은 세탁기에 넣어줄래."
(강요) "쓰레기 좀 갖다 버려라."
→ (부탁) "쓰레기 좀 갖다 버려줄 수 있겠니?"
(강요) "학생 본분에 맞게 머리를 단정히 해라."
→ (부탁) "파마를 풀고 머리를 묶거나 단발로 자르면 어때?"

자녀와의 좋은 관계를 원한다면 자녀를 가르치려고 하는 마음을 내려놓으라. 물론 부모가 할 일은 자녀를 사랑하고 가르치는 것이다. 그러나 사랑을 서로 확인하지 못하고 가르치기만 해서는 탈이 나기 마련이다. 가르치는 것을 사랑이라고 착각하는 부모들도 많지만, 이는 엄연히 다른 것이다. 아이가 충분히 사랑받고 있다고 느낄 수 있도록 하는 것이 가장 중요하다. 그리고 말의 의도를 읽으려고 항상 노력하라. 아이의 거짓말도 어른의 기준에서만 거짓말인 경우가 많다.

권위 있는 부모 vs 권위적인 부모

나는 권위 있는 부모인가? 아니면 권위적인 부모인가? '권위'라는 단어의 사전적 의미는 "다른 사람들을 통솔하여 이끄는 힘"이다. '권위주의'는 "일반적인 사실이나 다른 사람들의 견해를 무시하고 사람을 대하는 태도"이다. 즉 권위주의는 독단주의에 가까운 의미로 이해해도 무리가 없을 듯하다. 권위는 내가 세우는 것이 아니라 남이 나를 존중해주고 인정해줄 때 생기는 것이다. 권위주의는 상대방의 입장 따위는 상관없이 내 마음대로 대접해주기를 강요하는 것을 말한다.

미국의 아동 발달 전문가인 다이애나 바움린드(Diana Baumrind)는 부모의 자녀 양육 방식을 '통제'와 '애정'을 기준으로 ① 허용적 양육 태도 ② 민주적 양육 태도 ③ 독재적 양육 태도 ④ 무관심한 양육 태도로 나누었다.

> 첫 번째 '허용적 양육 태도'는 애정은 높지만 통제는 거의 없는 상태를 말한다. 자녀를 과잉보호하는 경우가 이에 해당한다.
> 두 번째 '민주적 양육 태도'는 애정과 통제가 모두 높은 상태이며 가장 적절한 부모 양육 태도로 알려져 있다.
> 세 번째 '독재적 양육 태도'는 애정은 낮지만 통제가 높은 상태를

말하며, 체벌을 사용하는 엄격한 부모가 이에 해당한다고 볼 수 있다.

네 번째 '무관심한 양육 태도'는 애정과 통제가 모두 낮은 경우이며, 아이에게 어떠한 관심도 훈육도 하지 않는 상태이다.

이 중에서 독재적 양육 태도와 민주적 양육 태도의 차이는 부모의 '권위'를 어떻게 받아들이느냐에 따라 다르게 해석된다. 독재적 양육 태도는 '권위적인' 양육 태도로, 아이는 늘 규칙을 위해 행동하게 된다. 어떤 결정을 내려야 하는 순간에도 자신보다 남의 행동과 선택을 따라 하는 경우가 많다.

그에 반해 민주적 양육 태도는 '권위 있는' 부모의 모습을 말한다. 아이에게 애정이 필요할 때는 충분히 사랑을 주지만, 잘못된 행동에 대해서는 엄격하게 바로잡아주고, 자신의 요구 사항을 실천해야 하는 이유가 무엇인지 친절하게 설명해준다. 아이에게 올바른 도덕 관념을 심어주기 위해서는 '권위적인 부모'가 아닌, 적절한 통제와 애정이 동반되는 '권위 있는 부모'가 되어야 한다.

독재적인 양육 태도는 엄격한 부모로서 권위적인 부모라고 할 수 있는데, 이런 부모는 결코 칭찬하는 법이 없고 잘못한 일에 대해서는 민감하게 반응하며 꼭 벌을 준다. 한국의 엄하고 무서운, 전통적인 아버지를 상상하면 될 것이다. 이런 경우에는 어떤 상황에서도 이기는 쪽은 부모이다. 이런 부모 밑에서 자란 아이들은 지나치게 복종적이거나 순종적일 수 있다. 하지만 겉으로 드러나지 않는 아이의 심리 저변에는 여러 가지의 저항 기재가 자라게 된다. 예컨대 거짓말하기, 감정 숨기기, 반발하고 부정적인 사고하기, 죄책감, 창조력 결여, 새로운 일에 대한 두려움이라는 저항 기재들을 키우며 너무 심하게 억눌리면 부모를 공격하거나 보복하고 반격하기도 하며, 불만과 적의를 품기도 한다. 이런 유형의 부모 밑에서 자란 아이가 부모가 되면 자신의 아이에게 똑같이 권위적이거나, 혹은 그 반대의 유형으로 자애롭기만 한 허용적인 부모가 될 가능성이 높다.

　허용적 양육 태도의 부모는 기를 살린다는 명목으로 자녀의 모든 요구를 다 들어준다. 이 경우 어떤 상황에서도 이기는 쪽은 아이이다. 이렇게 자란 자녀는 행동을 조절할 수 있는 통제력이 떨어지고, 책임감이 없고, 버릇이 없으며, 의존적이다. 또한 자신의 욕구는 충분히 충족시키지만 다른 사람의 욕구에 대해서는 헤아릴 능력이 없게 된다. 공감 능력이 상당히 떨어지는 경우가 이에 해당한다. 그러나 미국 컬럼비아대학의 왓슨(Watson) 교수에 의하면, 독재적 양육 태도 아래에서 자란 아이보다는 허용적 양육 태도 아래에서 자란 아이가 창의력은 높다는 연구 결과를 발표했다.

　민주적인 양육 태도를 가진 부모는 엄격하면서도 자애로운 부모이다. 엄격함이란 변하지 않는 보편적인 덕성과 진리 등 자녀에게 꼭 심어주고 싶은 것을 스스로 실천하려고 노력하면서 일관성 있게 밀고 나가는 것을 말한다. 자애롭다는 것은 자녀를 부드럽게 대하면서 선택권을 주는 것을 의미한다. 이 유형은 자녀가 어릴지라도 소중한 인격체임을 인식하고 아이의 욕구를 무시하지 않고 인정해준다. 동시에 문제가 생겼을 때는 아이 스스로 문제를 해결할 수 있도록 돕는다. 예컨대 컴퓨터 게임에 푹 빠져 너무 많은 시간을 보내는 아이가 있다고 가정해보자. 독재적인 부모라면 학교에서 오는 시간, 공부해야 할 시간을 부모가 다 계산해 놓고, 몇 시간 컴퓨터 시간을 줄 터이니 철저하게 지키라고 한 다음에 그것이 이루어지지 않으면 컴퓨터 사용을 금지해버린다. 허용적인 양육 태도를 보이는 부모는 아이가 하고 싶은 대로 내버려 둔다. 그리고 민주적인 부모는 자녀도 부모도 감정적으로 편안하게 시간을 두고 충분히 이야기할 수 있을 때를 기다리다가, 적당한 때에 내 생각이나 결정을 자녀에게 강요하지 않겠다는 마음으로 대화를 시작한다. 그리고 컴퓨터가 너무 재미있어서 시간을 조절하기가 힘들 것임을 인정해 준다.

여기서 중요한 것은 부모의 마음을 아이에게 전달하고 이 문제를 해결할 좋은 방법을 함께 찾아보는 것이다. 학교 다녀와서 저녁 식사를 하기 전까지만 게임을 하게 한다든지, 숙제를 다 한 다음에 한다든지, 평일에는 한 시간만 하고, 주말에는 하고 싶은 대로 한다든지, 이렇게 얼마든지 아이와 협상하면서 서로의 감정이 상하지 않는 좋은 방법을 찾아보는 것이다. 부모가 일방적으로 결정한 것과 이런 과정을 통해 선택한 것이 비록 똑같을지라도, 그 실행하고자 하는 마음의 동기는 엄청나게 다르다. 자기가 결정에 참여한 일에는 실천하려는 강한 동기가 유발되기 때문이며, 책임감, 문제를 해결하는 창의력, 사려 깊음, 자신감 등을 키울 수 있게 되기 때문이다. 이렇게 좋은 부모가 되는 첫걸음은 바로 대화를 통해 아이와 소통하는 길이다.

아이가 횡단보도에서 빨간불인데도 아무렇지 않게 건넜다고 하자. 이를 보고 "왜 빨간불에 건너는 거니? 파란불에 건너야 한다고 학교에서 안 배웠어?"라고 야단칠 수 있다. 그때 아이가 "여기는 차도 별로 안 다니고, 다른 친구들도 똑같이 건너잖아요."라고 자신의 잘못이 아님을 주장한다면 어떻겠는가?

만약 이 상황에서 부모가 끝까지 아이가 잘못했음을 주장한다면, 아이는 자신의 잘못을 뉘우치기보다는 억울한 감정만 커질 뿐이다. 특히 아직 가치관이 확립되지 않은 시기의 아이들은 도덕이란 잘못을 하면 벌을 받고, 좋은 일을 하면 상을 받는다는 공식으로 이해하는 경우가 많다. 따라서 왜 자신의 행동이 잘못되었는지 친절하게 설명하지 않고 야단만 친다면, 다음에 비슷한 상황이 발생했을 때 자신의 잘못된 행동이 발각되는지 아닌지를 기준으로 행동하게 된다. 그렇기에 질서를 지키는 행위가 왜 필요한지에 대해 그 '의미'를 담아 설명해주는 것이 중요하다.

"도로에 차가 별로 안 다닌다고 해서 파란불이 아닌데도 횡단보도를 건너기 시작하면 앞으로도 교통 신호를 잘 지키지 않는 습관을 갖게 되지 않겠니? 그러다가 만약에 사고라고 난다면 어떻게 되겠니? 이렇게 빨간불일 때 건너다가 교통사고가 발생하면 손해 보는 것은 무단으로 횡단보도를 건넌 네 잘못이 크단다. 교통 신호를 잘 지키는 습관을 갖게 되면 너의 안전을 위해서도, 그리고 모두를 위해서도 좋지 않겠니?"

아이 스스로 옳고 그름을 판단하고, 윤리적이고 도덕적인 신념에 따라 행동할 수 있는 능력은 권위적인 부모가 아닌 권위 있는 부모에게서 나온다. 그런 의미에서 권위 있는 부모가 되기 위해서는 아이가 잘못된 행동을 해서 혼낼 때 '감정'이 아닌 '의미'를 담아서 혼내는 것이 중요하다. 아이가 잘못된 행동을 했을 때 무조건 "그것은 잘못된 행동이야. 절대로 해서는 안 돼!"라고 말하는 것에 그치지 않고, 함께 더불어 살아가는 세상에서 스스로 지켜야 하는 질서가 무엇인지, 그리고 그 공동체 안에서 자신뿐 아니라 모두를 위해 과연 어떤 선택을 하는 것이 옳은지, 그 의미를 담아서 얘기해 줄 수 있어야 한다. 그래야 아이는 부모와 의미가 담긴 대화를 통해 진정한 소통을 하게 된다.

하지만 여전히 부모는 아이와 진정한 소통을 이루는 부드러운 대화가 어려울 때가 많다. 숙명여대 유미숙 교수가 설문 조사를 한 내용이다. 청소년들과 부모들을 각기 다른 방에 두고 설문 조사를 하였다. "댁의 자녀와 얼마나 대화가 되십니까? 의사소통은 얼마나 하고 있습니까?"라고 물었다. 부모는 80%가 "잘하고 있다."라고 답했지만, 자녀는 80%가 "우리 집은 대화가 없다."라고 답했다.

부모는 늘 그렇게 생각한다. 학교 가는 아이에게 아침밥을 챙겨 먹이고, 준비물을 챙기고, 오늘 해야 할 일 등을 알려 준다. 하지만 어젯밤에 잠은 잘 잤는지, 오늘 컨디션은 어떤지, 무슨 고민은 없는지는 전혀 관심이 없다. 내가 하고 싶은 말을 하고 아이는 그 물음에 답을 한 것을 부모는 대화라고 생각한다. 그러나 아이는 그것을 대화라고 생각하지 않는다. 엄마 아빠가 하고 싶은 말을 했다면 아이 자신도 하고 싶은 말을 전달해야 그것이 온전한 대화인데, 아이는 단지 엄마 아빠의 말을 들었을 뿐이라고 생각한다.

아이들은 소통이 안 되는 권위적인 아빠를 가리켜 "우리 아빠는 꼭 꼰대 같아."라고 말한다. 나는 두 자녀에게 권위적인 아빠보다는 권위 있는 아빠가 되고 싶었다. 그러나 나 자신을 깊이 성찰해볼 때, 권위 있는 아빠보다는 권위적인 아빠에 더 가까운 것 같다. 어느 날은 큰아이가 "아빠! 아빠는 꼭 꼰대 같아요."라는 말을 하는 걸 듣고 큰 충격에 빠진 적이 있다. '꼰대'가 좋은 의미로 쓰이는 말이 아니라는 사실을 알고 있었기 때문이다.

꼰대는 학생이나 젊은이들이 아버지나 교사에게 사용하는 은어라고 할 수 있다. 자신의 구태의연한 사고방식과 경험을 일반화해서 타인에게 일방적으로 강요하거나 자신의 사고방식이 무조건 옳다고 고집하는 사람, 이기적인 사고방식과 나이, 지위, 경험에서 오는 우월의식이 결합된 사람을 가리키는 말이다. 꼰대는 나이의 문제가 아니라 공감 능력이 떨어지는 데서 비롯된 말이라고 할 수 있다. 이런 말투가 전형적인 꼰대의 말투이다.

"아빠가 말씀하시는데, 어디서 감히 말대꾸해!"
"너는 그냥 하라는 대로만 하면 돼."
"너는 아직 어리잖아."
"내가 너만 할 때는 말이야."

"다 너 잘되라고 하는 말이잖아."

"옛날에 아빠가 클 때는 안 그랬다."

나이 많은 어른으로서, 그리고 아빠로서 당연히 할 수 있는 말이라고 생각할 수 있다. 그런데 어른은 단지 나이가 많거나 지위가 높은 사람을 의미하는 것이 아니다. 어른으로서의 품격을 갖춘 사람을 뜻한다.

'어른'의 어원을 보면 일꾼으로 인정을 받는다는 뜻이 담겨 있다. 옛날엔 동네마다 '뜸 돌'이라는 것이 있어서 이 돌을 일정한 높이까지 들어 올리면 비로소 일꾼으로 인정하고 성인 몫의 품삯을 지급했다. 이처럼 성인 대접을 받으려면 성인 몫의 일을 해낼 수 있어야 했다. 즉 '일꾼으로 인정받는 뜸 돌을 드는 사람'을 어른이라고 했다.

다른 어원을 보면 '어른'의 우리말 뿌리에는 '얼이 있는 자'라는 뜻도 담겨 있다. 그러나 나이가 많고 지위가 높아도 어른이 안 된 사람, 성인으로서 자기 몫의 일을 해내지 못하는 사람도 많다. 신체적으로는 성인인데 마음은 전혀 영글지 못한 성인 아이들도 있고, 사회적으로는 대단한 성공을 이루었는데 속은 제대로 성숙하지 못한 성인 유아들도 있다.

물론 성인 아이나 성인 유아들은 자신이 어른 중의 어른이라고 확신하며 어른 노릇에 앞장선다. 있는 척하고, 잘난 척하고, 때로는 가진 것 자랑하고, 열등감을 감추기 위해 교만하고, 많이 안다는 이유로 훈계하고, 나이가 많다는 이유로 나이 어린 사람을 야단치고, 무시하고, 지시하고, 온갖 갑질을 해 댄다. 노골적으로, 교양 있게, 교묘하게, 노련하게, 부드럽게, 때로는 어설프게, 무식하게, 거칠게 말이다. 그러나 저들이 어른이 아니라는 사실을 아이들은 다 알고 있다. 어른이 아직 안 되었는데도 어른이 안 된 줄도 모르고 어른 노릇을 하려 드는 것, 아니 어른이 안 된 것을 애써 감추려고 몸부림치고 있다는 것까지도 다 꿰뚫어 보고 있다. "당신은 전형적인 꼰대군요!" 하면서 말이다.

사실 꼰대가 따로 있는 것이 아니다. 누구나 다 꼰대가 될 수 있다. 세월과 함께 세월의 두께만 쌓아가는 사람은 누구든 꼰대가 될 수 있다. 세월은 무게만큼이나 우리의 몸과 마음, 가치관, 관계, 삶에 다양한 흔적을 남겨 놓는다. 그리고 그 세월의 흔적이 쌓이고 쌓여서 자신이 되는데, 그 쌓인 세월의 흔적이 고착화(fixation)되면서 점차 자신의 삶을 억압하고 가두는 역기능 쪽으로 기울게 된다. 즉 세월의 흔적이 자신의 삶을 더 깊고 넓게 그리고 더 가치 있게 하는 것이 아니라, 자신의 앎과 경험을 강화하는 쪽으로 기울면서 자신도 모르는 사이에 그것들을 절대화하는 교만에 빠지게 된다. 그래서 자기 잣대로, 자기 생각대로 판단하는 관성에 몸을 맡기면서 고집스럽게 완고해지는 꼰대가 되어가는 것이다. 그러므로 꼰대가 아니라 어른으로 고상하게 성숙해지려면 이전에 쌓았던 세월의 흔적을 끊임없이 정화하고 재조명해보면서, 자신의 앎과 경험을 절대화하려 하지 않고 상대화하는 겸손을 가져야 한다.

채찍질하는 부모
방향 없이 달리는 아이

그렇다면 나는 권위 있는 부모인가? 권위적인 부모인가? 다음 항목을 체크해보라. 체크하는 항목이 많을수록 권위 있는 부모라고 할 수 있다.

- 아이가 부모 말을 잘 듣는다.
- 아이에게 부모와 한 약속은 반드시 지키게 한다.
- 부모가 잘못한 이유를 설명하면 아이도 수긍한다.
- 같은 일에 대해서는 일관되게 칭찬하거나 야단친다.
- 아이가 다른 어른들에게 협조적인 태도를 보인다.
- 아이에게 중요하게 가르치는 덕목이 있다.
- 아이가 잘못하면 화내거나 때리기보다는 말로 엄하게 타이른다.
- 아이가 자기 고민을 부모에게 자주 말하고 해결 방법에 대해 조언을 얻는다.
- 부모의 목표는 아이 스스로 자기 문제를 처리하는 능력을 키워주는 것이라 생각한다.
- 문제가 발생했을 때 아이에게 바람직한 대안을 제시한다.
- 아이 연령에 적합한 행동인지 아닌지 판단할 수 있다.
- 아이가 쓸데없이 고집을 피울 때 굴복하지 않는다.
- 아이 의견을 듣고 집안 규율이나 부모 행동을 조절할 수 있다.
- 아이가 평소에 부모를 무서워하지 않는다.
- 아이에게 해야 할 것과 하지 말아야 할 것을 명확하게 말로 전달한다.
- 사소한 일로 부모에게 화내지 않는다.
- 아이가 부모의 말을 끝까지 경청한다.
- 평소에 무시하는 태도를 보이지 않는다.
- 아이가 자기 행동에 대한 부모의 판단을 어느 정도 예상할 수 있다.
- 아이에게 부모가 정한 집안 규칙을 꼭 지키게 한다.

권위적인 부모는 자기 규칙을 아이에게 맹목적으로 강요하며, 잘못했을 때 예외 없이 심하게 처벌하거나 훈육한다. 권위적인 부모는 이런 행동을 자신의 권위를 세우는 것으로 생각한다. 하지만 실제로 부모의 억압과 심한 체벌은 오히려 새로운 심리적 문제를 불러올 수 있으며, 억압이라고 느낄 정도의 분위기에서 자란 아이는 늘 갈등이 많고 불안해하며 초조해지기 쉽다.

권위 있는 부모는 평소 아이에게 애정을 충분히 표현하며 자애롭다. 아이가 잘못했을 때는 엄하지만, 잘했을 때는 진심으로 칭찬하며 함께 기뻐한다. 아이가 부모의 말씀을 잘 따르게 되면 충분히 칭찬함으로 자긍심을 높여주고, 스스로 문제 해결 능력을 갖추어나갈 수 있도록 도와주는 부모, 가르침은 엄격하지만 협박이나 체벌이 아니라 일관성과 설득력을 갖춘 부모가 권위 있는 부모이다. 이런 부모야말로 아이가 옳은 방향으로 나아갈 수 있도록 안내자 역할을 잘하는 부모라고 할 수 있다.

좋은 어른 vs 나쁜 어른

어른이라고 다 어른이 아니요, 나이만 먹는다고 또 다 어른이 아니다. 여기서 어른이라고 함은 좋은 어른을 의미한다. 우리가 살아가는 이 시대에는 좋은 어른이 없다고들 한다. 몸은 어른이지만 생각하는 것과 말하는 것, 행동하는 것이 수준 이하인 어른들이 많다는 얘기다. 그렇다면 좋은 어른은 누구이며, 나쁜 어른은 누구인가? 아이들이 뽑은 '좋은 어른'의 특징은 다음과 같다.

- 화를 잘 안 내는 어른
- 남을 잘 돕는 어른
- 잔소리하지 않는 어른
- 공감해주는 어른
- 다정하고 상냥한 어른
- 술, 담배 안 하는 어른
- 인내심이 많은 어른
- 비교하지 않고 차별하지 않는 어른
- 배려심이 많은 어른
- 욕하지 않고 폭력을 쓰지 않는 어른
- 매너가 있는 어른

반면에 생각하는 것과 말하는 것, 행동하는 것이 수준 이하인, 아이들이 뽑은 '나쁜 어른'의 특징을 보면 다음과 같다.

- 화를 잘 내는 어른
- 어리다고 무시하는 어른
- 자기가 하고 싶은 것만 하는 어른

- 겉모습으로 판단하는 어른
- 약속과 공중도덕을 잘 지키지 않는 어른
- 욕하고 폭력적인 어른
- 잔소리만 하고 배려하지 않는 어른
- 참을성이 없는 어른
- 공감해주지 못하는 어른
- 술, 담배 하는 어른
- 비교하고 차별하는 어른
- 매너 없고 예절을 모르는 어른

인기리에 방송되었던 미스터리 수사극 드라마 <아무도 모른다>는 우리 시대에 좋은 어른의 의미를 묻는 내용이었다. 미스터리 수사극의 쫄깃한 긴장감과 묵직한 메시지가 어우러지면서 뜨거운 반향을 일으키기도 했었다. 연쇄살인 사건의 범인을 19년 동안 쫓던 한 형사가 자신을 멘토처럼 따르던 아랫집 중학생의 추락 사건을 수사하면서 드러나는 우리 사회의 민낯이 보는 이들에게 충격과 안타까움을 보여주었다. 왕따 문제, 학교폭력 문제, 성적 조작 문제, 사학재단 비리 등 우리 사회에 만연한 다양한 문제를 하나씩 건드리면서 아이들이 고통받을 때 우리 사회 어른들은 무엇을 하고 있었는지를 묻는 준엄한 목소리가 시청자들의 양심을 건드렸다.

<아무도 모른다>는 경계에 서 있는 아이들과 그들을 지키고 싶은 어른들의 이야기이고, 주제는 "좋은 어른을 만났다면 내 인생은 달라졌을까?"이다. 신성중학교 학생인 고은호, 주동명, 하민성 등 각기 다른 경계에 서 있는 아이들이 있고, 차영진 형사, 이선우 선생님 등 아이들을 지키고 싶은 '좋은 어른들'이 있다. 반면에 아이

들을 악의 구렁텅이로 몰아넣는 '나쁜 어른' 백상호도 있다. 그러나 아이러니하게도 차영진 형사나 백상호 이사장 모두 어린 시절에는 경계에 선 아이들이었다.

차영진은 19년 전에 연쇄살인 사건으로 소중한 친구를 잃었다. 자신이 전화만 받았어도 친구가 살았을지 모른다는 죄책감으로 살아왔다. 그러나 차영진 곁에는 경찰이자 좋은 어른인 황인범 형사가 있었다. 황인범은 차영진의 미래를 위해, 범인에게 걸려온 전화를 자신이 받았다고 세상에 거짓말을 하고 이후에도 줄곧 차영진의 곁을 지키며 위로와 조언으로 그녀의 버팀목이 되어주었다. 차영진이 어린 시절의 트라우마 때문에 얼마든지 엇나갈 수 있는 경계에 선 아이였지만, 좋은 어른인 황인범 형사가 늘 곁에 있어서 올곧게 잘 자랄 수 있었다.

반면에 백상호는 방치된 채 컸다. 길러졌다기보다는 그냥 살아남았다고 해야 옳을 것이다. 그의 어린 시절은 슬프도록 처참했으며 창문이 없어 빛 한 줌 들지 않는 곰팡냄새 나는 방에서 자랐다. 상호의 홀어머니는 어린 상호에게 폭언을 퍼부으며 자신의 신세를 한탄하고 울면서 때리곤 했다. 그리고 상호에게 퍼붓던 폭언이 진짜가 될지도 몰라 두려웠던지, 한마디 당부나 어떤 징조도 없이 엄마는 상호 곁을 떠나버렸다. 아사 직전에 상호는 젊은 목사에게 발견되어 보육원으로 보내졌고, 그는 나쁜 어른이 되기 전에 이렇게 처참하게 슬프도록 방치되어 자란 경계에 선 아이였다. 이렇게 자란 상호는 자신의 목적을 위해서라면 서슴없이 사람을 죽이는 나쁜 어른으로 성장했다. 백상호 곁에 차영진 형사처럼 '좋은 어른'이 있었다면 아마도 그의 인생은 달라졌을지 모른다.

고은호의 친구 주동명 역시 불량해 보이는 아이지만, 그에게도 속사정이 있었다. 어린 동생의 수술비를 마련하기 위해서 혈혈단신 거친 세상에 몸을 맡겼다. 그러나 그를 따뜻하게 보듬어 줄 제대로 된 어른이 동명이 곁에는 없었다. 동명이가 엇나갈 때 그를 잡아준 것은 어른이 아니라 같은 학교 친구인 고은호였다.

차영진과 황인범의 관계, 백상호와 서상원의 관계, 이들의 차이는 <아무도 모른다>에서 전하고자 하는 메시지를 명확하게 보여주고 있다. 좋은 어른은, 적어도 나쁜 어른이 되고 싶지 않은 어른은, 경계에 서 있는 아이들을 지키고 어쩌면 인생을 바꾸어놓을 수도 있다는 것이다. 나아가 경계에 서 있지만 전혀 다른 어른으로 성장한 차영진과 백상호는 지금 또 다른 경계에 서 있는 아이들과 마주하고 있다. 경계에 서 있는 아이들이 차영진 형사나 이선우 선생님과 같은 좋은 어른의 영향으로 올곧게 성장하고, 올바른 인생을 살아갈 수 있기를 소망하는 메시지를 담고 있다.

경계에 서 있었던 고은호 학생이 10층 높이 호텔에서 추락했을 때, 대부분 사람은 자살 시도로 짐작했다. 전혀 어른답지 못한 홀어머니 슬하에서 외롭게 자라온 고은호는 나이보다 어른스러운 중학생이었다. 7살 때부터 그를 아끼고 챙겨온 '영혼의 단짝'이었던 위층의 차영진 형사는 은호의 성품을 잘 알고 있었기에 그가 절대로 자살하지 않았다는 사실을 본능적으로 알아차린다. 사고 전날 고은호가 경찰서로 찾아와 평소와 달리 불안해하며 뭔가를 이야기하고 싶어 했지만, 갑자기 나타난 연쇄살인 사건 진범 수사에 정신이 팔려 그냥 돌려보내는 실수를 하게 된다. 차영진 형사는 그때 이야기를 제대로 들어주었다면 이런 일이 없었을 것이라는 죄책감과 미안함에 19년이나 쫓아온 연쇄살인 사건 수사권도 내려놓고 고은호의 추락에 담긴 진실을 파헤치기 시작한다.

수사 과정에서 드러나는 어른들의 모습은 실망스럽기 그지없었다. 이권 싸움에 바쁜 신흥종교 파생과 관련한 사학재단 관계자들, 아들을 방치하고 감정적으로 학대하는 엄마, 은호를 비극의 중심으로 끌어들인 엄마의 남자친구 등 제대로 정신 박힌 어른을 찾아보기가 힘들다. 은호가 불우한 환경에서 자란 것과는 달리 바르게 클 수 있었던 것은 본성이 선한 것노 있었지만, 올곧은 형사 차영진이 은호의 정신적인 지주 역할을 해주었기 때문이었다. 감당할 수 없는 사건에 휘말린 고은호의 절박한 이야기를 유일하게 믿고 의지했던 차영진 형사마저 들어주지 않아 비극이 발생했다. 은호의 가방 속 책에 쓰인 "말할 수 없어요, 하지만 그래도 도와줘요."라는 외침은 차영진 형사를 절규하게 했고, 미안함에 뒷머리를 벽에 박으며 소리 죽여 울부짖은 차영진 형사의 모습은 시청자들을 울게 했다.

사실 어렸을 때는 나이가 들면 무조건 어른이 되는 줄 안다. 나이를 먹으면 자연히 두려움이 없어지고 책임감이 생길 것으로 생각한다. 그러나 살아보면 그런 생각이 잘못된 것임을 알게 된다. 나이를 먹어도 두려움은 여전하고, 책임감은 저절로 생기지 않는다. 수 없이 다가오는 인생의 변수에 대해 본인이 선택하고 끊임없이 각성 하고 자신을 단련해야만 가능해지는 것이다. 그냥 어른도 아닌 좋은 어른이 된다는 것은 더더욱 어려운 일이다. <아무도 모른다>는 그냥 어른이었던 차영진 형사가 고은호 학생을 통해 '좋은 어른'이 되어가는 과정을 보여주고 있다. 그러면서 아무리 살기 바쁜 시대라 하지만 누군가 아이들의 이야기를 들어주고 인생의 길잡이가 되어주어야 한다는 메시지를 묵직하게 던진다.

아이들은 보고 듣는 것을 그대로 흡수하는 스펀지와 같기에 어른으로서 늘 언어 행실에 신경을 써야 한다. ≪사회학습이론≫으로 유명한 캐나다 심리학자 앨버트 반두라(Albert Bandura)는 유치원 아이들을 두 그룹으로 나누어 실험을 했다. 한 그룹에는 어른이 보보 인형을 발로 차고 넘어뜨리는 폭력적인 동영상을 보여주고, 다른 그룹에는 어른이 보보 인형을 소중히 어루만지고 다정스럽게 말을 거는 동영상을 보여주었다. 그런 다음에 실제로 보보 인형이 있는 방에 두 그룹의 아이들을 두고 인형을 어떻게 다루는지 관찰했다. 그 결과 아이들은 동영상에서 본 어른의 행동을 그대로 모방한다는 사실을 증명해냈다. 또한 공격적인 언어(욕설, 비속어) 등에 대해서도 폭넓게 실험하였는데, 아이들이 거울처럼 따라서 하는 것을 확인했다. 이 연구는 심리학과 교육학에 크게 이바지하였고, 지금도 교육학의 기초이자 중요한 이론으로 손꼽히고 있다. 이렇듯 아이들은 관찰을 통해 학습한다. 관찰을 통해 배우는 대상을 모델이라고 하는데, 아이들에게 가장 중요한 모델은 부모요 어른들이다.

채찍질하는 부모
방향 없이 달리는 아이

<아무도 모른다>는 아이들이 어른들로부터 영양분을 먹고 자라는 나무와 같음을 보여주고 있다. 좋은 어른들이 주는 좋은 영양분을 먹고 자라야 좋은 어른으로 성장한다는 것이다. 즉 지금 어른들의 가치관, 품성, 생각, 언어, 인격, 도덕, 윤리 등은 어릴 적 어른들이 준 영양분으로 형성된 열매들이라고 할 수 있다. 그러나 아이들 중에는 나쁜 어른들이 주는 나쁜 영양분을 먹고 자란 아이들도 있다. 이런 아이들이 자라 어른이 되면 당연히 나쁜 어른으로 성장할 수밖에 없는 것이다. 나쁜 어른들은 어릴 적 나쁜 어른들의 나쁜 행동, 나쁜 언어, 나쁜 생각, 나쁜 품성 등 나쁜 영양분으로 형성된 나쁜 열매들인 것이다.

작은 일에도 최선을 다해 열정적으로, 성실함으로 살아가시는 좋은 부모와 좋은 어른의 좋은 영향을 받고 자란 아이는 좋은 어른으로 건강하게 자란다. 불성실하고, 게으르고, 언어 행실이 불량한 부모 밑에서 자란 아이 역시도 주변의 나쁜 영향으로 인해서 나쁜 어른으로 성장한다는 것을 기억해야 한다. 그래서 우리 아이들이 좋은 어른으로 성장하기를 바란다면, 드라마에서처럼 경계에 서 있는 아이들이 엇나가지 않도록 아이들의 상처를 싸매어주고 치료해주는 어른, 고민이 있을 때 도움을 주고 아이들의 말을 경청할 줄 아는 멋진 어른, 좋은 어른이 늘 그들 곁에 있어야 할 것이다.

좋은 부모 되기

좋은 부모가 되고 싶지 않은 부모가 어디 있으랴! '좋은 부모란 이런 부모'라는 명확한 명제가 있다면 정말 좋으련만, 안타깝게도 그런 명제는 없다. 왜냐하면 좋은 부모의 정의를 내리기 힘들 뿐만 아니라, 좋은 부모의 기준이 사람마다, 사회마다, 시대마다 모두 다르기 때문이다. 적어도 내가 생각하는 좋은 부모는 첫째, 자녀가 어떤 것을 좋아하는지 정확하게 알고 있는 부모라고 생각한다. 더불어 자녀가 좋아하는 것을 잘 뒷받침해주고 그 분야에서 최고가 되도록 이끌어준다면 이보다 더 좋은 부모가 어디 있겠는가? 자녀가 좋아하는 것을 가장 잘할 수 있도록 도와주는 부모, 운동을 좋아하면 운동을 잘할 수 있도록 도와주고, 언어에 뛰어난 아이라면 다양한 언어를 잘할 수 있도록 환경을 만들어주는 부모가 좋은 부모이다. 둘째, 좋은 부모는 자녀를 향한 사랑이 극진하다는 것이다. 부모가 자녀에게 마음껏 사랑을 쏟지 못한다면 아이는 사랑 결핍으로 인해서 엇나갈 가능성이 높다. 많은 경우 결손 가정에서 자란 아이를 보면 바른 아이로 잘 성장해가는 아이도 있지만 삐뚤어지게 성장하는 아이들도 많다. 다 그런 것은 아니지만 한 부모 가정, 조손 가정의 아이들이 그렇다. 어렸을 때 부모의 사랑을 마음껏 받으면서 안정되게 성장해야 육체적으로 정신적으로 건강한 아이로 자랄 수 있다. 사랑의 목말라 있는 아이가 어떻게 안정적으로 자랄 수 있겠는가?

많은 가정이 무너지고 있다. 가정의 붕괴로 따뜻한 사랑을 머금고 자라야 할 아이들이 사랑에 목말라하고 있다. 따뜻한 사랑과 인격이 담긴 엄마 아빠의 보살핌이 얼마나 중요한지를 뼈저리게 느끼

면서 에이브러햄 링컨의 편지 내용이 생각났다. 10대 아들을 둔 링
컨이 학교 선생님에게 아들을 부탁하며 쓴 편지인데, 참 인간미가
넘치면서도 격조 높은 사랑이 고스란히 녹아있다.

우리 아이도 세상 모두가 공평하지도,
정직하지도 않다는 것을 언젠가는 깨닫게 될 겁니다.
하지만 세상에는 건달만이 아니라
영웅도 존재한다는 것을,
이기적인 정치인이 있으면
일신을 바치는 지도자가 있다는 것을,
원수가 있다면 아이와 늘 함께할
친구도 있다는 것을 가르쳐주십시오.

질투와 시기를 멀리하게 해주시고,
조용한 미소의 만족을 가르쳐주십시오.
약한 자를 괴롭히는 자는 그들보다
더 약하다는 사실을 배우게 해주시고,
책 속에서 상상의 나래를 펴는 방법을
가르쳐주십시오.

우리 아이에게 하늘의 새들과
맑은 햇살 속의 벌들과
푸르른 언덕의 꽃들과 함께할 명상의 시간을 주시고,
커닝한 일등보다 정직한 낙제생이
더 명예롭다는 것을 가르쳐주십시오.

우리 아이에게 남들이 다 틀렸다고 말해도
자신을 믿을 수 있는 소신을 심어주시고,
약한 자들에게는 부드러운 온화함으로
강한 자들에게는 담대하게 대응할 수 있는
법을 가르쳐주십시오.

세상이 시류에 편승할 때 군중을 따르는 대신
홀로 설 수 있는 뚝심을 길러주시고,
모든 사람의 의견에 귀 기울이는 법과
진실이라는 거름망에 사실을 여과해
받아들이는 법을 가르쳐주십시오.
슬플 때 웃는 법을,
눈물을 부끄러워할 필요가 없다는 것을
가르쳐주시고,
세상의 냉소를 웃어넘길 줄 아는 재치와
아첨과 아부를 경계하는 법을
가르쳐주십시오.

우리 아이에게 힘과 지식은 최고가에 팔아야 하지만
마음과 영혼은 가격표를 붙일 수 없다는 것을 가르쳐주시고,
울부짖는 군중 앞에서 자신의 믿음에
확신을 가지고 싸울 수 있는 능력을 길러주십시오.

늘 온화함으로 우리 아이를 대해 주십시오.
그러나 너무 아껴만 주시진 마십시오.
대장간의 뜨거운 불 속에서만이
훌륭한 철이 만들어질 수 있는 것 아니겠습니까?

우리 아이에게 무엇인가 갈망할 수 있는 용기와
꺾이지 않고 맞서 도전할 수 있는 인내심을 허락해주시고,
세상 사람들을 숭고한 믿음으로 대할 수 있도록
자신을 사랑하고 믿는 법을 먼저 가르쳐주십시오.

많은 부탁이라는 것은 압니다.
하지만 최선을 다해 지금보다 더 훌륭한 인물로
자라도록 지도해주시길 이 편지를 빌어 부탁드립니다.

- 1859년 9월, 에이브러햄 링컨

남북전쟁을 치르는 격무(激務) 속에서도 아들에게 쏟는 아버지의 순수하면서 격조 높은 인격이 깊이 묻어있다. 아들에 대한 참사랑이 넘치는 편지가 아닐 수 없다. 이런 따뜻한 사랑을 받고 자란 아이가 어찌 엇나갈 수 있겠는가?

전문가들은 아이들의 애정결핍 증상으로 손톱을 물어뜯는 습관, 다리를 떠는 습관, 상대에 대한 집착이 강하고 소유하려는 욕구가 강한 것, 스스로 자책을 많이 하는 습관, 시도 때도 없이 장난을 많이 치는 것, 친구들과 잘 어울리다가도 혼자 있을 때 갑자기 우울해지는 것 등을 꼽는다. 이런 증상들은 부모의 사랑을 받지 못해서, 즉 사랑이 부족해서 생겨나는 증상이라고 말한다.

사랑을 받지 못하고 자란 아이는 다른 사람에게 사랑을 주는 것이 서투르지만, 부모의 사랑을 듬뿍 받고 자란 아이는 다른 사람도 사랑할 줄 안다. 그러나 무조건 오냐오냐하면서 키우는 것이 사랑은 아니다. 그렇게 키우게 되면 아이가 버릇없는 아이로 성장할 수 있기에, 사랑으로 키우되 아이가 잘못된 행동을 할 때는 쓴소리를 하면서 아이가 바르게 성장할 수 있도록 하는 것이 중요하다.

탈무드에는 "매를 아끼면 자식을 망친다."라는 구절이 있고 성경의 지혜서인 잠언에도 "매를 아끼는 자는 그의 자식을 미워함이라 자식을 사랑하는 자는 근실히 징계하느니라."(잠13:24)라는 구절이 있다. 여기에서 '매'는 회초리를 의미하는 것이 아니라, 때에 맞는 꾸중, 충고, 타이름, 격려 등을 의미한다. 시의적절한 꾸중, 충고,

타이름은 자녀가 올바른 길로 갈 수 있도록 인도한다. 아이에 대한 훈육을 방치하면 결국 아이를 망치게 되는 것이다.

그렇다고 아이가 버릇없이 행동하거나 무례한 짓을 할 때 너무 심하게 혼내서는 안 된다. 아이도 하나의 인격체이고 존중받아야 할 존재이기에, 조곤조곤 아이가 왜 그런 행동을 했는지 혹은 그럴 만한 이유가 있었는지 충분히 아이의 말을 경청하고 곱게 타이르는 것이 중요하다. 그러나 지나친 사랑도 조심해야 한다. 지나친 사랑은 아이에게 부담이 될 수 있으며, 집착이 될 수도 있기 때문이다. 있는 그대로 아이를 인격적으로 대하고 아이의 마음을 헤아려주는 부모가 될 때 좋은 부모의 자격을 갖추게 되는 것이다. 그런데 우리는 자녀에게 함부로 대하는 경우가 많으며 그로 인해 부모와 자녀의 관계가 돌이킬 수 없을 만큼 산산이 깨져버려, 후에 자녀에게 아무리 미안하다고 무릎 꿇고 사정해도 마음을 움직이기 쉽지 않고 되돌리고 싶어도 불가능하게 되는 경우가 많다.

어느 날 엄마들의 동네 반상회에서 아이들 교육에 대해 열띤 토론이 벌어졌다. 모든 엄마가 아이 키우는 것이 힘들어서 우울증에 걸릴 것 같다며 신세를 한탄한다.

첫 번째 엄마,
"전교 1등만 하던 우리 딸이 이번에 전교 2등으로 밀려났어요.
저 우울해서 죽고 싶어요.
살기가 싫을 정도로 속상합니다."

채찍질하는 부모
방향 없이 달리는 아이

그러자 야유가 쏟아졌다.

두 번째 엄마, 화를 내며 말한다.
"우리 아들은 전교 꼴등입니다.
제발 중간이라도 했으면 좋겠어요.
1등 엄마는 참 욕심이 많으시네요.
저는 지금 죽고 싶은 심정이에요."

세 번째 엄마, 한숨을 쉬며 말한다.
"우리 아들은 가출해서 집에 들어오지를 않아요.
저는 전교 꼴등이라도 좋으니 그냥 학교만 잘 다녔으면 좋겠어요.
그렇게 욕심을 부리면 자식 농사를 망치게 될 것입니다."

네 번째 엄마, 눈물을 흘리면 말한다.
"제 딸은 얼마 전 교통사고를 당해서 아직도 병원에 입원해 있어요.
저는 아무것도 안 해도 좋으니 제발 건강하기만 했으면 소원이 없
겠네요.
다들 자식에 대한 집착이 많네요.
자식을 소유하려고 하지 마세요.
저에 비하면 당신들은 엄청 행복한 겁니다."

다섯 번째 엄마, 허탈해하시며 말한다.
"작년 수능이 끝나고 우리 딸은 아파트에서 뛰어내렸어요.
저에겐 속상해할 기회조차 없었어요.

진즉에 딸이 원하는 대로 해줄걸,

그동안 제 집착으로 아이를 키웠어요.

저는 매일매일 가슴이 찢어질 정도로 아파하고 있습니다."

부모들은 지금 아이를 윽박지르고 다그치지 않으면 아이의 미래
가 불행해질 것으로 생각한다. 그런 불안함 때문에 또 그것이 부모
가 해줄 수 있는 최선이라고 생각하면서 나름 최선을 다해 자녀를
교육한다. 하지만 그 욕심이 자신의 눈과 귀를 멀게 하고, 심리적인
치매 상태가 되어 아이를 병들게 만들어 버리는 경우가 허다하다.

故 강영우 박사의 자녀 교육법

강영우 박사는 대한민국 최초의 맹인 박사이며 미국의 부시 행정
부에서 일한 고위 공직자였다. 백악관 국가장애위원회 정책 차관보
를 역임했으며, 세계인명사전에 등재되기도 했다. 그는 경기도 양
평에서 출생했는데 태어나면서부터 후천성 소아 녹내장을 앓았고,
중학교 시절 운동하다가 눈에 공을 맞아 시각 장애를 앓게 되었다.
이 사고가 나기 얼마 전에는 아버지가 돌아가셨고, 이 소식을 들은
어머니도 충격으로 갑작스럽게 돌아가시고 말았다. 어린 동생들을
위해 열심히 일했던 그의 누나도 과로로 죽고, 이와 동시에 세 남
매는 서로 뿔뿔이 흩어져야만 했다.

맹인학교에 들어간 강영우 박사는 점쟁이나 안마사가 자신의 미

래라고 생각했다. 삶을 포기하고 싶던 시절도 있었다. 하지만 그는 사회적 편견과 인식을 깨고 싶었다. 학문을 갈망했던 그는 점자를 배우며 대학을 목표로 공부하게 된다. 자원봉사자로 왔던 여대생의 도움을 받았는데 그중 한 명이 나중에 강영우 박사의 아내가 된 석은옥 여사였다. 그는 시각 장애인이라는 이유로 대학 원서 접수를 거부당하는 수모도 겪었지만, 결국에는 연세대학교에 입학할 수 있었다. 낮은 체육 학점에도 불구하고 인문대학 전체 차석으로 졸업을 했다.

석은옥 여사와 결혼 후, 국제 로터리클럽의 후원으로 한국 장애인 최초로 미국 유학길에 오르면서 피츠버그대학에서 3년 반 만에 교육학 박사학위까지 받았다. 그는 생전에 젊은이들에게 선한 영향력을 끼쳤던 훌륭한 교육자이면서 좋은 부모였다. 그러나 안타깝게도 2011년부터 췌장암으로 투병 생활을 하였고 2012년 2월, 향년 68세의 나이로 세상을 떠나고 말았다. 세상을 떠나기 전 그는 국제로터리재단 평화센터에 장학금으로 자신의 전 재산 25만 달러(한화로 약 2억 9,000만 원)를 기부하였다.

故 강영우 박사는 장애인과 이민자라는 핸디캡을 극복하고 두 자녀를 글로벌 리더로 훌륭하게 키워냈다. 큰아들 폴 강(강진석)은 하버드대학교 의과대학을 졸업하고 조지타운대학교 의대 안과 교수로 재직 중이며, 워싱턴 안과 교수 연합회 회장직을 맡고 있다. 둘째 아들 크리스토퍼 강(강진영)은 상원 법사위 입법보좌관으로 의회에 들어가 29세에 최연소 미 상원 본회의 수석 법률 보좌관과 백악관

특별 보좌관을 거쳐 현재는 백악관 법률 고문으로 활동하고 있다. 큰아들은 부부가 모두 의사이고, 작은아들은 모두 변호사이다.

그렇다면 故 강영우 박사는 어떻게 핸디캡을 극복하고 이렇게 훌륭하게 자녀들을 키워냈을까? 많은 사람이 자녀 교육법의 비결을 물었을 때, 그는 자녀들에게 꿈을 심어주고 그 꿈을 포기하지 않게 길러준 것뿐이라고 말했다. 교육에는 지력을 길러주는 인지 영역이 있고, 마음의 힘을 길러주는 심력, 그리고 체력을 길러주는 영역이 있다. 대부분 사람은 인지 영역만을 중요하게 생각한다.

그러나 故 강영우 박사는 세 가지 영역 중 가장 중요한 것은 마음의 힘을 길러주는 심력이라고 말한다. 에이브러햄 링컨이 "오늘의 내가 있기까지는 어머니의 은혜이다. 왜냐하면 나는 어머니로부터 꿈꾸는 것을 배웠고, 그 꿈을 시련과 역경 속에서도 결코 포기하지 않고 보호하고 길러 가는 것을 배웠기 때문이다."라고 말한 것처럼, 심력의 일부가 되는 꿈을 심어주고 그 꿈을 포기하지 않도록 길러주는 것이 중요함을 강조한다.

큰아들 폴 강은 미국의 아이비리그인 하버드대학교를 졸업하고 최고의 의학박사가 되었지만 어렸을 때는 공부를 그렇게 썩 잘하지는 못했다고 한다. 초등학교 다닐 때 우수 학급과 일반 학급으로 나누어 공부할 때 폴 강은 일반 학급에서 공부하는, 주목받지 못한 아이였다. 그러다가 7학년이 되면서 폴 강이 아버지에게 이렇게 말했다.

"아버지는 내가 아버지 아들이니까 머리가 좋은 줄 아는데 난 머리가 좋지 않아요. 그러니까 나에게 기대하지 마세요. 제발 좀 성가시게 하지 마시고, 그냥 나를 내버려 두세요. 동생이나 기대하세요."

故 강영우 박사는 큰아이의 이야기를 듣고 아들의 문제가 지력에 있는 것이 아니라 심력에 있다는 것을 깨달았다. 그리고 세 가지 방법으로 아들의 심력을 길러주는데, 일 년 만에 성공했다. 그가 아들의 심력을 길러주기 위해 사용한 세 가지 방법은 다음과 같다. 첫째, 아들에게 자신감과 자긍심을 심어주었다. 그 방법으로 생일을 이용했다. 큰아들 생일이 4월 23일이었는데 그날 어떤 위대한 사람이 태어났는가를 찾아보니 윌리엄 셰익스피어가 있었다. 작은 아들의 생일은 6월 15일이었는데 그날은 엘리자베스 여왕이 태어난 날이었다. 엄마의 생일에는 케네디 대통령이 태어났고, 자신의 생일에는 웨슬리 클락 장군이 태어났다. 이렇게 같은 날 훌륭한 사람들이 태어났으니 너희들도 훌륭한 사람이 될 수 있다는 자신감을 심어주었다는 것이다.

두 번째는 좋은 친구를 만나게 함으로써 자신감을 길러주었다. 좋은 친구의 기준은 아들의 생각과 가치관이 비슷한 친구로, 그런 아이를 찾아서 가깝게 지내게 하였다. 그리고 아들보다 공부를 잘하는 아이들을 묶어주었더니 어느 시점에 "나도 할 수 있구나. 이거 아무것도 아니구나!"라며 자신감을 얻게 되더라는 것이다.

세 번째는 자녀를 위해 기도하는 것이었다. 아이들이 기도하는 아빠 엄마의 모습을 보게 하고, 기도 소리를 듣도록 했다. "우리 아이들에게 꿈과 비전을 주셔서 감사합니다." 나 역시도 엄마의 기도 소리를 들으며 자랐다. 새벽기도를 가시기 전에 내 머리에 손을 얹고 기도하시는 엄마의 모습을 평생토록 잊지 못하고 있다. "부족한 저를 통해 주신 주의 아들을 하나님께서 훌륭한 아이로 키워주시옵소서." 이렇게 부모의 기도를 듣고 자라는 아이가 어찌 꿈이 없을 수 있겠는가? 엄마 아빠가 저렇게 나를 위해 기도하시는데, 부모를 위해서라도 꿈을 갖게 되지 않겠는가? 그렇게 故 강영우 박사는 자녀들을 키워냈다.

이렇듯 좋은 부모는 자녀를 위해 헌신하는 부모이며 인격적인 부모라고 할 수 있다. 자녀는 싫든 좋든 부모의 모습을 보면서 자신의 인격을 형성해간다. 그래서 대부분은 좋은 부모 밑에서 좋은 자식이 만들어지는 법이다. 좋은 나무가 좋은 열매를 맺고 나쁜 나무가 나쁜 열매를 맺듯이 말이다. 간혹 부모는 정말 훌륭하신데 인간 같지 않은 자식도 있고, 나쁜 부모 밑에서 자란 아이지만 아주 훌륭하게 자란 아이도 있기는 하지만, 대부분 훌륭한 아이들은 훌륭한 부모 밑에서 자라는 법이다.

그리고 자녀에게 가장 좋은 교사는 부모라고 할 수 있다. 학교에서는 선생님이 자녀들에게 지식을 가르치는 교사이지만, 가정에서는 부모가 아이의 인성을 가르치는 교사이다. 그런데 요즘 부모들은 지성과 인성 모두를 학교에서 책임지게 한다. 그것은 잘못된 것이다. 학교에서도 인성 교육을 하고 있지만, 아이의 절대적인 인성

채찍질하는 부모
방향 없이 달리는 아이

교육은 학교의 몫이라기보다는 가정에 있는 부모의 몫이라고 할 수 있다. 자녀는 부모가 주는 물질이 아니라 관심과 사랑을 먹고 자랄 때 인성이 올곧게 형성되는 것이다.

어떤 부모들은 "내가 힘들게 벌어서 네가 원하는 것은 다 해주었는데 뭐가 불만이냐? 뭐가 부족해서 이 모양이냐?"라고 말한다. 이런 부모들은 등골 빠지게 돈 벌어서 학원 보내고, 유학도 보내고 남부러울 것 없이 자식을 키웠는데 나중에 자식이 앞가림을 제대로 하지 못하면 온갖 비난과 욕설을 동반해 화풀이를 하기도 한다.

이런 부모들도 있다. 요즘 학교에서는 교사들이 웬만하면 학생들에게 체벌을 거의 하지 않는다. 체벌하거나 지나친 말을 하면 학생들이 동영상을 찍어서 신고하고, 교사가 잡혀가는 세상이기 때문이다. 그럼에도 간혹 학교에서 교사에게 체벌을 당하거나 지나친 소리를 듣는 학생들이 있는데, 그런 학생들은 아주 무례하기 짝이 없는 불량 학생들이다. 그런데 이런 경우 어떤 부모들은 학교에 찾아와서 선생님에게 아이를 잘못 가르쳐서 죄송하다고 사과하는 것이 아니라 "네가 뭔데 감히 내 자식을 훈계해!"라면서 많은 학생이 지켜보는 가운데 교사를 구타하고 욕설을 퍼붓는다. 그런 몰상식한 부모들도 있다.

다른 학생을 따돌리고 집단으로 폭행을 가하며, 그로 인해 아이가 괴롭힘을 견디지 못해 자살하게 만드는 못된 학생도 있다. 그런데 그런 못된 짓을 한 아이의 부모가 도리어 피해 학생의 부모를 협박하기도 한다. 단체로 여학생을 성폭행한 아이의 부모가 오히려 피해 학생 부모를 협박하기도 한다. 이런 부모 밑에서 자란 아이가 우리 사회의 지도자가 되고 정치 지도자가 된다면, 이 나라는 파렴치한과 협잡꾼이 판치는 그런 나라가 되고 말 것이다. 이 대목에서 함석헌 선생님이 살아생전 하신 "정치란 덜 나쁜 놈을 골라 뽑는 과정이다. 그놈이 그놈이라고 투표를 포기한다면 제일 나쁜 놈이 다 해 먹는다."라는 말이 생각이 난다.

세상에서 자녀 잘 키우는 것만큼 소중한 일도 없다. 자식 농사만큼 어려운 것이 없다는 말이다. 자녀를 제대로 키우려면 박사학위 100개라도 부족하다. 그런데 요즘 사회적으로 존경받는 사람들을 보면 대부분 그 뒤에 훌륭한 부모가 계셨다는 사실을 알게 된다. 자녀가 세상에 선한 영향력을 끼치는 훌륭한 사람이 되도록 하려면 故 강영우 박사처럼 인성이 좋은 친구를 만나게 해주고, 좋은 스승을 만날 기회를 제공해주고, 좋은 환경을 만들어주는 것이 중요하다. 좋은 자녀는 그냥 하늘에서 뚝 떨어지는 것이 아니라 좋은 부모 밑에서 길러진다는 것을 결코 잊어서는 아니 될 것이다.

부모가 바로 서야 한다

부모는 자녀에게 최고의 멘토가 되어야 한다. 멘토의 기원은 BC 18세기 그리스 시대 유명한 시인인 호머가 지은 서사시 ≪오디세이아≫에서 찾을 수 있다. 이 작품의 주인공이자 고대 이타케의 왕인 오디세우스는 뜻하지 않게 트로이 전쟁에 출전하게 되자 절친한 친구이자 충실한 신하인 멘토에게 자신의 집안과 아들 텔레마코스의 교육을 부탁한다.

그날 이후 멘토는 텔레마코스에게 가정 교육과 훗날 왕이 되는 데 필요한 것들을 교육하고, 그의 친구이자 상담자, 때로는 아버지의 역할까지 도맡아 한다. 즉 멘토는 단순히 지식만 전달해주는 스승이 아니라 삶의 지혜를 가르쳐주는 인생의 안내자였다. 텔레마코스는 중요한 결정을 내릴 때면 현명한 선택을 하기 위해 멘토에게 많은 조언을 얻었다. 생사조차 알 수 없는 아버지를 찾아 나서기로 생각한 텔레마코스. 하지만 아버지를 찾아 떠나는 모험은 두렵기만 하고, 아버지가 없는 틈을 타서 어머니에게 구혼한 사람들이 그의 여행을 방해하기까지 한다. 이때 멘토는 그에게 다음과 같이 말한다.

"그대가 겁쟁이가 되지 않고 사리 분별이 흐트러지지 않는다면, 그리고 오디세우스의 지혜가 그대에게 남아있다면, 이 일을 훌륭히 완수할 수 있을 것이다. 그러므로 구혼자들의 얄팍한 책모는 그냥 내버려 두어라. 속히 빠른 배를 구해 나와 함께 가도록 하자."

이렇듯 중요한 선택의 기로에 서 있을 때마다 멘토는 그를 올바른 방향으로 이끌어주었다. 용기와 믿음을 얻은 텔레마코스는 결국 아버지를 찾아 고국으로 돌아와 어머니와 왕국을 구한다. 텔레마코스가 어렵고 힘든 일을 결정하고 해낼 때마다 인생의 참스승인 멘토는 진심 어린 마음으로 늘 그의 곁에서 도움을 주고 충고를 아끼지 않았다. 그 후 '멘토'는 지혜와 신뢰로 한 사람의 일생을 올바르게 이끌어주는 현명한 지도자 혹은 삶의 길잡이라는 뜻으로 사용되었다. 텔레마코스처럼 우리 아이가 자라면서 어렵고 힘든 일을 결정하고 미래를 헤쳐나갈 때마다, 지혜와 신뢰로 아이를 바르게 이끌어주면서 인생의 참스승이 되어주는 멘토가 바로 부모여야 한다. 부모는 자녀에게 최고의 멘토가 되어야 한다.

요즘 중학생을 보면 어디로 튈지 모르기 때문에 부모는 속이 타들어 간다. 아이를 보면 도대체 인간 같지 않아 보인다. 본인도 혼란스러워한다. 이렇게 자신이 자신을 모르는 혼란스러운 사춘기를 보내는 아이를 키우기 위해서는 부모가 도를 닦는 심정으로 양육해야 한다. 그래서 우스갯소리로 사춘기 자녀를 둔 부모에게 필요한 도(道)는 "냅도!"라는 말도 있지 않은가. "냅도!"라는 말속에는 자녀를 용납해주고 공감해준다는 의미가 내포되어 있다. 그래야 아이가 심리적으로 안정감을 가지고 건강하게 자랄 수 있고, 용기와 책임감이 강해지는 법이다.

중학생! 어쩌면 전 생애를 통틀어 가장 통제가 어려운 시기라고 할 수 있다. 그야말로 어디로 튈지 모르는 아이들이다. 그만큼 통제를 벗어나 움직이는 데다가 어떻게 행동할지 가늠할 수 없다는 의미일 것이다. 즉 이성보다 감정적으로 움직인다는 뜻이다.

자녀가 초등학생일 때는 별문제가 없었는데,

중·고등학생이 되면서부터 사사건건 부모와 부딪치는 아이,

청개구리처럼 죽어라 부모의 말은 안 들으면서도 친구의 말은 잘 듣는 아이,

커피 맛도 모르면서 원두커피를 마시며 쓴맛을 논하는 아이,

외모 꾸미기나 연예인에 푹 빠져 있는 아이,

잘못을 지적하면 버럭 화만 내고, 내가 알아서 하겠다고 큰소리치는 아이,

욕이 아니면 대화가 되지 않는 아이,

입만 열면 거짓말인 아이,

담배도 못 피우면서 지포 라이터를 가지고 다니는 아이,

무엇이든 전부터 알고 있었던 것처럼 거드름을 피우는 아이,

부모가 뭐라고 말을 맺기도 전에 "알았어, 그만해!"라며 말을 끊어버리는 아이,

공부는 안 하면서 꿈만 거창한 아이,

이런 아이를 둔 부모는 속이 타들어 간다.

이에 대한 해결책은 부모들이 양육자의 태도에서 벗어나 멘토 부모가 되는 것이다. 자녀를 윽박지르고 다그치면서 강요하고 협박하며 잔소리로 일관하는 것이 아니라, 아이와 소통하고 함께 대안을 찾아가는 최고의 멘토가 되는 것이다.

최고의 멘토가 되려면 아이를 한 인간으로 존중하면서 아이를 위해 진실한 충고를 아끼지 않아야 한다. 그 충고가 지금 당장은 아픔을 주고 관계를 악화시키더라도 아이를 위해 때로는 이야기해줄

수 있어야 한다. 또한 부모는 아이의 멘토로서 진심으로 아이의 앞길을 안내해주고, 아이가 그 길을 바르게 걸어갈 수 있도록 도와주어야 한다. 그리고 부모가 자녀에게 최고의 멘토가 되려면 먼저 부모 자신부터 자녀에게 본을 보여야 한다. 특히 언어 행실에 있어서 늘 바른 모습을 보여주며 매사에 긍정적인 마인드를 가지고 자신감을 보여줄 때, 아이는 부모를 존경하면서 부모의 말에 순종하게 될 것이다.

스위스의 정신분석학자인 칼 융(C.G.Jung)은 "부모가 원하지 않는 삶을 살 때 자녀들은 심리적으로 가장 큰 영향을 받는다."라고 강조한 바 있다. 크래프트 빌리지(Craft Village) 대표로 활동하는 김영숙 씨는 ≪천천히 키워야 크게 자란다≫^(북하우스)에서 아이를 원 없이 뛰놀게 하고, 있는 그대로 지켜봐 주어야 한다는 나름의 부모 멘토의 원칙을 가지고 두 남매를 길렀다고 말한다. 그리고 사교육 없이 자연 속에서 호흡하면서 자란 두 남매는 지성과 인성을 갖춘 아이들로 건강하게 잘 자라주었다고 말한다.

자유로운 분위기에서 충분히 놀았던 덕분인지, 아이들은 고등학교 2학년 무렵부터 외부의 강요나 성적 압박 때문이 아니라 자연스레 공부에 흥미를 붙였고, 자유롭게 어느 순간 좋아하는 일을 찾아내었다고 한다. 큰아이는 컬럼비아대학교 법학전문 대학원에 진학해 법조인으로서의 준비를 하고 있고, 작은아이는 코넬대학교 호텔경영학과에 입학해 창의적인 비즈니스를 구상하는 아이로 잘 성장했다는 것이다. 그러면서 그녀는 아이의 모습을 있는 그대로 바라

봐 주는 지혜와 아이의 성장을 인내심을 가지고 참고 기다려주는 여유가 자녀 교육에 있어서 중요함을 강조한다. 아이들이 스스로 공부에 흥미를 느끼게 되면 신바람 나게 배워나가고, 본인이 진정 좋아하는 일을 분명히 찾아내기 마련이다.

아이들의 잠재력은 길들여지거나 교육되어지는 것이 아니다. 아이들은 저마다 독특한 개성과 재능을 타고나며, 어른의 간섭이나 통제 없이 믿고 기다려주면 제각기 특유의 기질과 관심에 따라 자기만의 고유한 길을 걸어간다. 서두에서 언급했듯이 교육(Education)의 어원은 라틴어에 뿌리를 둔 "안에 있는 것을 밖으로 이끌어내는 것"을 의미한다. 배움에 대한 본능은 누구나 타고나는 것이다. 그러므로 부모는 그 누구보다 내 아이가 어떤 아이인지를 편견 없이 깊이 이해하고 있어야 한다. 아이가 무엇을 할 때 행복한지, 어떤 상황에서 행복하지 않은지, 자신의 욕심을 내려놓고 아이의 모습 그대로를 이해할 수 있어야 한다.

더불어 부모가 자신이 원하는 일을 하면서 삶을 살아나갈 때 부모 스스로도 행복하고 이를 곁에서 보고 자라는 아이들도 행복하다. 세상에서 가장 불행한 사람은 자신만의 삶의 의미를 찾지 못하고 살아가는 어른들이 아닐까? 희망과 꿈이 없이 살아가는 어른들과 함께 생활하며 이들을 보고 자라는 아이들이 무엇을 배우겠는가? 부모가 자신의 삶에 최선을 다하며 행복하고 건강하게 살아갈 때, 아이들은 그 모습을 옆에서 지켜보고 결과보다 과정의 중요함을 배우면서 자유롭게 성장해갈 수 있다.

주도적인 사람으로 키워라

자기 주도 학습(self-directed learning)을 자기 조절 학습이라고도 하는데, 학습자가 스스로 학습 과정을 주도해나가는 학습 활동을 가리킨다. 즉 교사의 도움과 관계없이 아이 스스로 학습의 필요성을 인식하여 학습 목표를 세우고, 학습을 위한 여러 자료를 확인한 다음 자신에게 알맞은 학습 방법을 선택해서 실행한 후 그 결과를 평가하는 과정을 말한다. 학습 필요성에 대한 인지에서부터 평가의 과정에 이르기까지 교사의 가르침에 의한 학습이 아니라 학습자의 필요와 욕구에 의해 학습자가 주체가 되어 이루어지는 학습 활동이다. 그렇다고 자기 주도 학습이 독학을 의미하는 것은 아니다. 학원에 다니고 과외를 받더라도 아이가 스스로 계획을 세우고 필요에 따라 선택적으로 학습 계획을 세워 실천해간다는 뜻이다.

자기 주도 학습의 필요성은 크게 네 가지로 설명된다. 첫째, 학습에 있어서 주도권을 가진 사람은 가만히 앉아서 가르쳐주기를 기대하는 사람보다 더 많은 것을 더 잘 학습하게 된다. 둘째, 자기 주도 학습은 학습자의 자연적, 심리적 발달 과정을 돕는다. 셋째, 새롭게 변화하는 교육과 학습 방법은 자기 주도 탐구 기술을 필요로 한다. 넷째, 급속한 사회 변화에 맞서 교육의 목표도 새로운 지식을 쉽고 효율적으로 습득할 수 있는 능력을 갖추는 데 둔다.

이렇듯 아이 스스로가 자신의 지식을 습득하기 위해서 스스로 노력하고 공부하면 좋으련만, 아이들은 스스로 알아서 하지 못한다.

부모들은 어떻게 하면 공부하라고 잔소리를 하지 않아도 자녀 스스로가 알아서 공부를 잘할 수 있는지 고민한다.

"왜 우리 아이는 스스로 공부를 하지 못할까요?"
"우리 아이는 머리는 좋은데 공부를 안 해요."
"우리 아이는 산만해서 책상 앞에 10분을 앉아있지를 못해요."
"좋은 학원을 보내고 1:1로 비싼 과외를 시키는데 왜 성적이 오르지 않을까요?"
"왜 스마트폰만 들여다보려고 하고 공부에는 도무지 관심이 없을까요?"

부모는 할 수 있는 한 아이가 공부를 더 열심히 하도록 늘 궁리하고, 아이는 할 수 있는 한 공부를 안 하려고 잔머리를 굴린다. 이로 인해서 늘 부모와 자식 간에 실랑이가 벌어지고 바람 잘 날 없는 것이 사실이다. 그런데 알고 있는가? 부모가 원하는 것처럼 스스로 공부를 잘하는 아이는 그리 많지 않다는 것을…. 어떻게 하면 잔소리하지 않아도 스스로 공부를 잘하는 아이로 키울 수 있을까?

스스로 공부를 잘하는 아이로 키우기 위해서는 부모의 생각이 바뀌어야 한다. 아이 스스로가 학습 과정을 주도해나가는 학습자가 되도록 하려면 무작정 아이에게 공부하라고 강요해서는 안 된다. 좋은 학원에 보내고, 실력 있는 과외 선생님을 붙여주면 아이가 공부를 잘할 것이라는 근시안적인 생각에서 벗어나야 한다. 또한 좋은 학원, 좋은 과외를 받는 것이 중요한 것이 아니라 스스로 학습하는 자기 주도적인 학습 능력을 길러주어야 한다. 왜냐하면 학습의 주체는 다른 누구도 아닌 자기 자신이기 때문이다.

모든 아이는 공부에 대한 선천적인 욕구와 능력을 지니고 있다. 아이들은 학습에 대한 적절한 동기만 갖추어지면 자신의 학습 능력과 욕구를 적극적으로 표현한다. 따라서 자녀를 스스로 공부하는 아이로 만드는 과정은 자녀가 스스로 학습 능력과 욕구를 적절히 펼쳐나갈 수 있도록 돕는 것이다. 교사나 부모의 역할은 진정으로 공부를 좋아하도록 돕는 조력자가 되는 것이다. 이처럼 좋은 교육이란 배움을 사랑하도록 도와주는 것이다.

그렇다면 어떻게 해야 아이들이 자기 주도적인 학습 능력을 지니게 될까? 가장 중요한 것은 먼저 아이에게 자신감을 심어주는 일이다. 왜 어떤 아이는 어려움이 있더라도 끝까지 해내고, 또 어떤 아이는 그냥 포기하고 마는 것일까? 그 답은 '나는 무엇이든 할 수 있다.'라는 자신감에서 찾을 수 있다. 그런데 자신감을 가지려면 먼저 해냈다는 뿌듯함을 맛보아야 한다. 그리고 공부를 해야겠다는 동기가 유발되어야 한다.

학습 동기란 스스로 공부하도록 밀어주고 끌어주는 보이지 않는 힘으로, 누가 시키지 않아도 알아서 척척 공부하게 만드는 원동력이다. 학습 동기를 가지려면 아이가 왜 공부해야 하는지, 공부가 자신이 되고 싶은 미래의 행복한 꿈을 이루는 데 어떤 역할을 하는지

채찍질하는 부모
방향 없이 달리는 아이

스스로 깨닫게 도와주어야 한다. 또한 학습 습관이 아주 중요하다. 스스로 공부 잘하는 아이의 학습 태도는 다르다. 평범한 아이를 공부 잘하는 아이로 만드는 비법은 바로 학습 태도를 바로잡아주는 데 있다. 아이가 자기 인생을 스스로 관리할 수 있게 되는 10세에서 16세가 자기 주도적인 학습 능력을 기를 수 있는 가장 적절한 시기이다. 아이의 학습 태도를 바로잡아줄 수 있는 자기 주도적 학습법은 자신의 능력과 스타일에 맞는 학습 목표를 설정하도록 도와주고, 매일 학습 플래너를 관리하여 시간 관리 능력을 키우도록 도와주고, 플래너의 학습 계획표에 따라 매일 실천하도록 도와줌으로써 가능하다.

어렸을 때부터 모든 면에서 자기 스스로 할 수 있는 습관을 길러주게 되면 아이는 자신의 인생을 개척해가는 데도 주도적인 사람이 된다. 그러나 아이를 너무나 오냐오냐하면서 키우게 되면 나중에 어른이 되어서도 자신에 대한 비판을 받아들이지를 못하는 아이가 되고, 항상 누군가의 도움을 받지 않으면 사소한 문제조차도 해결하지 못하게 된다. 부모가 무엇이든 다 해주었던 아이들은 자신이 원하는 목표를 성취하는 방법을 잘 모르기 때문에, 어른이 되어서도 성공하지 못할 것 같으면 쉽게 포기해버리고 만다. 그리고 이런 아이는 험한 길보다는 늘 쉬워 보이는 길만 골라서 가려는 성향을 보이며, 작은 실패에도 크게 좌절한다. 실망감을 크게 느껴본 적이 없기에 자신의 계획대로 되지 않으면 극심하게 좌절하고, 우울감에서 잘 헤어나지 못하게 되는 것이다. 아이를 진정으로 사랑한다면 아이가 원하는 대로만 해주어서는 안 되는 이유가 바로 여기에 있다. 부모가 아이를 너무 떠받들거나 과도하게 칭찬만 하면, 아이는 자신을 과대평가하여 우월감에 빠지거나 자기도취증에 빠질 위험이 커진다는 연구 결과가 있다.

네덜란드 암스테르담대학교 연구팀은 네덜란드 중산층 가정의 7~11세 어린이 565명을 대상으로 18개월 동안 부모의 행동과 아이들의 자기도취증 특성 등을 관찰했다. 그 결과, 지나치게 칭찬하는 부모를 둔 아이들에게서 자기도취증 정도가 상대적으로 높은 것으로 나타났다. 과도한 칭찬을 하는 부모들은 자신의 자녀들이 재능을 타고났다고 믿는 등 과대평가하는 경향이 있었으며, 이 때문에 이들의 자녀들은 잔뜩 부풀려진 우월감에 사로잡혀 있는 것으로 드러났다.

연구팀의 오하이오주립대학교 브래드 부시먼 교수는 "대부분 부모는 그들의 자녀가 특별하며 더 좋은 대우를 받아야 한다고 생각한다."라며, "하지만 너무 특별한 대우를 받은 아이들은 점점 자기도취에 빠지기 쉽고 자신이 다른 사람에 비해 더 가치가 있고 우위에 있다는 생각을 가지기 쉽다."라고 말했다.

반면에 부모가 자녀에게 정상적인 애정을 보이면, 아이들이 적절한 자부심을 가질 수 있고 자기도취증에도 빠지지 않는 것으로 나타났다. 브래드 부시먼 교수는 "자녀에게 애정을 갖고 따뜻하게 대하는 것은 좋은 일이지만, 자신의 자녀가 마치 다른 아이들보다 훨씬 뛰어난 것처럼 대우하는 것은 좋지 않다."라면서, "다른 이에게는 나

채찍질하는 부모
방향 없이 달리는 아이

보다 나은 점이 있으며 인간은 누구나 동등한 가치를 지니고 있다는 사실을 깨닫게 해줘야 한다."라고 말했다. 이 연구 결과는 '미국국립 과학원'(The Proceedings of the National Academy of Sciences) 회보에 실린 내용이다.

과도한 칭찬은 금물

"칭찬은 고래도 춤추게 한다."라는 말이 있다. 무게가 5,000파운드(약 2,200kg)가 넘는 바다의 무서운 포식자인 범고래를 춤추게 만드는 조련사의 비결도 바로 신뢰와 긍정적 반응이다. 조련사에 대한 고래의 신뢰, 그리고 원하는 행동을 했을 때 조련사가 보여주는 긍정적 반응이 고래를 춤추게 한다는 것이다.

90점만 맞아도 된다던 부모에게 아이가 자랑스럽게 90점짜리 시험지를 내민다. "좀 더 했으면 충분히 100점을 맞았을 텐데."라는 부모의 한마디가 아이에게 어떤 마음이 들게 할까? 틀린 말은 아니지만, 칭찬을 먼저 해주고 다음에 더 잘하도록 격려한다면 아이의 마음이 어땠을까?

우리는 칭찬의 중요성을 너무도 잘 알고 있지만, 참으로 실천하기란 어렵다. 아이가 뒤집기를 끝내고 기어 다니다가 아슬아슬하게 뭔가에 의지해서 두 발로 선 후에 조금씩 아장아장 걷기 시작할 때, 부모들은 아이의 한 걸음에도 환호하고 박수를 친다.

걸음마 하나에도 환호성을 질러주던 부모는 아이가 성장해가면서 아이를 칭찬하기보다는 혼내는 일이 자주 생긴다. 아이가 걸음을 걷던 중 엉덩방아를 찧게 되면 부모들은 절대 혼내거나 지적하거나 부정적인 반응을 보이지 않았다. 그러나 아이가 성장하면서 좀 더 잘했으면 하는 욕심 때문에 제대로 칭찬해주지 못하는 경향을 보이게 된다. 그래서 칭찬에 인색한 부모들에게 칭찬을 많이 해주면서 아이를 양육하라고 말한다.

그러나 때로는 칭찬이 남발되면 부정적 효과가 나타나기도 한다. 지나치게 칭찬만 받고 자란 아이는 커서 사소한 비판이나 충고를 자신의 실패로 받아들이게 된다. 칭찬의 장점만 알고 잘못된 칭찬의 역기능을 알지 못한 채, 부모 자신이 무엇을 잘못했는지도 모르면서 아이를 망치고 있을지도 모른다. 가톨릭대학교 심리학과 교수인 정윤경 박사는 많은 부모에게 칭찬에 대한 오해와 진실을 알리기 위해 자신의 경험과 연구 결과를 ≪내 아이를 망치는 위험한 칭찬≫[담소]이라는 책에 담아냈다. 이와 관련된 내용이 EBS 다큐멘터리 <학교란 무엇인가? - 칭찬의 역효과>에서 다루어지면서 수많은 부모에게 큰 충격과 반향을 불러일으키기도 했다.

칭찬을 받으면서 자란 아이는 자신과 가장 가까운 관계에 있는 부모가 자신을 공감해준다는 사실로 인해 다른 사람에 대해 신뢰감을 쌓을 수 있다. 그로 인해 타인과의 관계가 편안해지고 원만한 대인관계를 가질 수 있게 되는 것이 사실이다. 타인과의 신뢰를 형성하는 데 중요한 역할을 하는 것이 어찌 보면 칭찬이라고 할 수 있다. 그래서 칭찬은 좋은 것이지만, 과도한 칭찬은 자칫 아이를 망칠 수 있다는 것을 알아야 한다.

그렇다면 그동안 아이에게 했던 칭찬이 위험했단 말인가? 그 칭찬이 도리어 아이에게 독이 되었단 말인가? <학교란 무엇인가? - 칭찬의 역효과>에서 실험을 통해 보여준 사례는 이러했다.

> 선생님이 아이들에게 특별한 근거 없이 "넌 무엇이든 정말 잘하는구나. 넌 천재구나, 정말 똑똑하구나." 등의 칭찬을 했다. 아이들은 그 칭찬을 들으면서 미소를 짓는다. 표면적으로는 칭찬이 긍정적인 효과를 나타낸 것처럼 보였다. 그런데 진짜 실험은 그 이후 계속된다. 다시 아이에게 미션이 주어졌다. 매우 어려운 문제를 아이에게 풀도록 하고 선생님은 그 자리를 비운다. 선생님이 없는 자리에는 문제의 답안지가 덮어진 상태로 놓여있었다.

> 아이들은 열심히 문제를 풀고자 노력했지만, 곧 문제가 어려워 푸는 것을 포기하고 답안지를 보고 답을 달기 시작했다. 부정행위를 하고 만 것이다. 물론 유혹에 빠질 수 있다. 그러나 칭찬받은 아이들이 선생님의 기대에 부응하기 위해 부정행위를 저질렀다는 것에 놀라움을 금할 수 없었다. 칭찬이 결국은 아이들을 잘못된 길로 이끈 것이다. 나 역시도 아이를 키우면서 칭찬을 아끼지 않으려고 노력했는데, 그렇다면 내 아이도 칭찬에 부응하기 위해 저런 짓을 저지를 수도 있었겠다고 생각하니 현기증이 날 지경이었다.

그렇다면 칭찬을 해야 하는가? 아니면 칭찬을 하지 말아야 하는가? 어떻게 해야 옳은 것인가? 칭찬은 분명 긍정적인 효과가 있지만, 역효과가 두려워 칭찬하는 것을 그만두어야 하는 것일까? 이런 걱정에 대한 답은 바로 포괄적인 칭찬보다는 구체적인 칭찬을 하라는 것이었다. 어떤 결과보다는 과정을 칭찬하라는 것이었다. 예컨대 아이가 시험 점수를 받아 오면 "백 점 맞았구나. 정말 잘했다. 넌 참 똑똑하고 착한 아이야."라고 하는 것보다 "야~ 백 점 맞으려면 정말 많이 노력해야 하는데, 너는 정말 노력을 많이 했구나!" 하면서 그 과정을 구체적으로 칭찬하라는 것이었다.

또한 연령과 아이의 발달 단계에 따라서 달리 칭찬하는 것이 좋다. 예컨대 영아기의 아이들은 울음, 옹알이, 발길질, 몸부림 같은 비언어적인 메시지로 소통하려고 한다. 이때 엄마는 따뜻한 미소로 곧바로 반응해주어야 한다. 영아기 아이들에게 있어서 최고의 칭찬은 바로 환한 미소이며, 이를 통해 사랑의 마음을 전할 때 아이는 자신감과 자존감이 강한 아이로 성장하게 된다.

걸음마기(2~3세)의 아이들은 자기 자신을 표현하고 인정해주기를 바라는 마음을 엄마 아빠의 부탁이나 충고를 거절하는 반항과 짜증의 형태로 드러내는 경우가 많다. 반항과 짜증은 결코 부모를 미워한다는 표현이 아니며, 무언가 잘되지 않는 것에 대한 속상함과 좌절감의 표현이거나, 잘되지 않는 것에 대해 자신과 투쟁하는 과정일 수 있다. 복잡하고 힘든 마음을 말로 완벽하게 표현하지 못해 나타나는 분노와 좌절의 한 형태일 수도 있다.

그러므로 아이가 이런 모습을 보일 때는 무조건 무시하거나 야단치지 말고 아이의 마음을 읽으면서 아이가 몸과 마음이 건강한 아이로 자랄 수 있도록 가르치고 격려해야 한다. 늘 안아주고 쓰다듬어주면서 "이런 것들 때문에 참 속상하겠구나."라고 말해주고, "네가 잘못한 게 아니야. 아직 혼자 하기엔 좀 어려운 것뿐이야. 다음엔 아빠가 도와줄게."라고 공감해주며, "너는 결코 나쁜 아이가 아니야."라고 격려해주면 아이는 커다란 위안을 얻고 자신감을 가질 수 있을 것이다. 엄마가 온전히 자기편이라는 생각이 들면 굳이 반항할 필요도 없어지기 때문에 울고불고 떼쓰고 말 안 듣는 아이의 행동이 개선될 수 있다.

아동 초기(4세~7세)에 있는 아이를 칭찬할 때 핵심은 두리뭉실한 칭찬이 아니라 과정을 중심으로 구체적인 칭찬과 피드백을 해주는 것이다. 아동 초기에 있는 아이들에게는 칭찬이 곧 교육이고, 사랑이고, 훈육이다. 만약 구체적인 피드백을 주지 않는다면 아이는 자신이 부모에게 아무런 관심을 받지 못한다고 생각할 것이고, 고쳐야 할 잘못된 행동에 대해 알려주는 사람이 없기에 자기 자신에 대해 균형 잡힌 이미지를 가질 수 없을 것이다. 또한 옳고 그름을 파악할 수도 없게 되어서 결국 무능한 이이로 성장하게 될 것이다.

특별히 말을 안 듣는 아이에게 피드백을 줄 때는, "나쁜 아이는 없다. 아직 자라지 않은 아이가 있을 뿐이다."라는 생각을 가지고 아이와 대화하면서 문제 행동을 긍정적인 행동으로 바꿔주는 것이 중요하다. 예컨대 부모에게 따지고 고함치는 아이가 있다면, 이런 태도가 부모에게 고통을 줄 수 있다는 것을 설명한 뒤, 목표 행동을 "부모님에게 고운 말 쓰기"로 하고, 아이가 조금이라도 개선이 되면 바로 활짝 웃으면서 칭찬해주고 격려해야 한다.

눈으로 볼 수 있는 보상도 중요하다. 행동 수정이 이루어질 때마다 스티커를 붙이거나 연필 등으로 체크하도록 하고, 아이가 기분이 좋을 때를 골라 예행연습을 준비한다. 이때 스티커를 붙이는 과정까지 보여주도록 한다. 이 보상표를 정성껏 만들수록 성공 가능성은 커진다. 목표를 설정하고 그 목표를 달성했을 때는 부모와 게임하기, 자전거 타기, 좋아하는 음식 먹기 등 아이가 좋아하는 더 큰 보상을 해줄 필요가 있다.

아이가 목표를 제대로 달성하지 못해도 야단치는 것은 금물이다. 대신 "오늘은 힘든가 보구나. 하지만 조금만 더 하면 목표를 이뤄낼 수 있었을 텐데 아쉽다. 그래도 포기하지 말자. 내일은 더 잘 수 있을 거야."와 같은 말로 격려해야 한다. 이렇게 관심과 사랑으로 아이를 대하면서 잘못된 행동을 수정해주면 균형 잡힌 아이로 올곧게 성장해갈 것이다.

10세 전후 학령기 아이들에게 가장 중요한 것은 친구이다. 그래서 부모와 함께 보내는 시간보다 친구와 함께 보내는 시간을 더 즐거워하고 더 원하게 된다. 이때부터는 좋은 친구를 가까이 하도록 해주는 것이 중요하다. 왜냐하면 친구의 영향을 많이 받기 때문이다. 청소년기의 아이들 역시 당연히 인정과 칭찬을 좋아한다. 하지만 이 시기의 아이들은 자신의 성취나 수행에 대해서 객관적으로 평가하고 비교할 수 있는 인지적 능력을 갖추고 있기에, 과도한 칭찬은 절대 금물이다.

그러므로 아이의 기분을 좋게 하려고 없는 말을 지어내거나 과도하게 포장된 칭찬을 하는 것은 오히려 마음을 불편하게 만든다. 칭찬하는 대상이 자신에 대해 잘 알지 못한다는 느낌을 주기도 한다. 또 칭찬할 때 평가하고 있다는 느낌을 주는 말도 피해야 한다. 왜냐하면 그것은 안 그래도 복잡한 아이의 머릿속에 감당할 수 없는 숙제를 또 하나 얹어주는 것과 같기 때문이다. 적당한 수준으로, 그러면서 보다 진실한 마음으로 칭찬하면서 접근할 필요가 있다. 또 자기 스스로 행동하는 것을 조용히 인정하는 것이 중요하며, 아이들의 견해, 친구, 생각, 옷, 열정, 그리고 창의적 태도와 같이 소소하다고 생각되는 면에 대해서도 인정해주어야 한다.

어린아이들과는 달리 청소년기에 접어든 아이들은 때마다 칭찬하는 것보다는 간헐적으로 칭찬하는 것이 더 좋다. 이 시기의 아이들은 적은 노력이나 변화를 칭찬받고 싶어 하지 않는다. 그래서 무조건 관여하고 칭찬하는 것보다는, 스스로 일궈온 것에 대하여 스스로가 칭찬받을 준비가 되어있을 때 넌지시 칭찬하는 기술이 필요하다. 청소년기에는 아빠의 칭찬이 더 무게 있게 작용하는 것으로 알려져 있다. 왜냐하면 아빠의 칭찬은 사회의 인정을 대변한다는 느낌을 주기 때문이다. 그러므로 청소년기에 아빠는 적절하게 아이를 칭찬하는 것을 꼭 기억해야 한다.

가장 중요한 것은 진정성 있는 칭찬, 진실한 마음이 담긴 칭찬을 해주어야 한다는 점이다. 입에 발린 립 서비스가 아니라 진심 어린 마음을 담은 칭찬만이 아이의 노력과 힘든 과정에 공감을 표할 수 있기 때문이다. 아이를 칭찬할 때 때로는 비언어적인 표현으로 그냥 환하게 웃어주는 것만으로도 충분할 수 있다. 어깨를 토닥이거나 쓰다듬거나 안아주는 것만으로도 진실한 마음이 전달되는 효과가 있다.

아이를 칭찬할 때도 타이밍과 방법이 아주 중요하다. 타이밍을 잘못 잡으면 칭찬을 하고도 오히려 본전도 못 찾는 경우가 많다. 때로는 늦게, 때로는 빨리, 칭찬의 타이밍이 적절할 때 그 효과는 극대화된다. 또 칭찬하는 과정에서 누군가를 판단하거나 비난하기도 하는데 이것 역시 금물이다. 다른 아이를 깎아내리고 낮추면서까지 칭찬을 받고 싶어 하는 아이는 없다.

앞서 살펴보았듯이 부모가 아이를 너무 떠받들면서 오냐오냐하거나 지나치게 칭찬하면 아이들은 자기 자신을 과대평가함으로써 우월감에 빠지거나 자기도취증에 빠질 위험이 커진다. 정신적으로 건강한 아이로 키우기 위해서는 때에 따라서 적당하게 칭찬해주어야 한다. 적당한 칭찬을 받으며 자란 아이는 자신감과 자존감이 높은 아이로서 자신의 삶에 주도적인 역할을 할 수 있게 되는 것이다.

자기효능감을 높여주어라

자기 주도적인 아이로 키우려면 아이가 나의 소유물이 아님을 인정하는 것이 중요하다. 부모의 압박이나 일방적인 강요는 자녀를 수동적인 아이로 만들지도 모른다. 그리고 아이에게 다양한 경험과 지식을 제공하는 것도 성장 과정에서 매우 중요하다. 하지만 간섭이 너무 지나쳐서 부모가 원하는 방향으로만 아이를 이끌면, 아이는 자신의 미래에 대한 결정권과 주도권을 부모에게 빼앗기게 된다. 어느 정도 부모의 간섭 없이 아이 스스로 자신의 삶을 주도적으로 이끌어갈 수 있도록 인내심을 가지고 지켜보는 것도 좋을 듯싶다.

그리고 자녀의 미래를 부모가 섣불리 단정 짓는 것 역시 좋지 않다. "그렇게 작은 일 하나 제대로 해내지 못해서 어떻게 큰일을 할 수 있겠냐?"라며 현재 상황을 부정적으로 단정 짓는 말로 아이를 비난하지 말라. 무한한 가능성을 가지고 있고 엄청난 잠재력을 가지고 있는 아이의 미래를 부모가 단정 짓고 통제하는 것은 절대 금물이며, 자기효능감(self-efficacy)을 떨어뜨리는 결과를 초래하게 된다.

수학에 '수' 자만 들어도 무서워하거나 질겁하는 아이, 과학 과목에는 도무지 흥미가 없는 아이, 그래서 싫어하는 과목은 아예 포기해버리는 아이, 또 공부에는 전혀 관심이 없는 아이, 이런 아이들에게 필요한 것은 안전지대를 만들어주는 것이다. 처음에는 작은 안전지대를 만들어주고 점점 그 영역을 넓혀주는 것이 필요하다.

즉 할 수 있다는 자신감을 아이 마음속에 심어주고 "엄마 아빠는 널 믿는다."라고 늘 격려해주면 아이가 서서히 나아지는 것을 보게 될 것이다. 자기 주도적 학습에서 필요한 동기 요인은 자기효능감이다. 즉 할 수 있다는 자신감은 공부를 잘할 수 있게 만드는 무한한 원동력이다. 우리 아이가 공부를 잘하기를 바란다면 무엇보다도 자신감을 길러주어야 한다.

아이에게 커다란 재능이 있는데 그 재능을 발견하지 못하고 평생 엉뚱한 것에 에너지를 쏟고 있다고 생각해보라. 그러면서 '난 할 수 없어, 난 안 돼.'라는 부정적인 생각에 빠져 실패한 인생으로 살아간다면 그것이야말로 얼마나 끔찍한 일인가? ADHD(주의력결핍 과잉행동장애)이지만 세계적인 안무가로 성공한 질리언 린(Gilian Lynne)의 이야기이다.

1930년대 영국 한 초등학교에 8살짜리 문제아가 있었다. 이 아이는 한시도 가만히 앉아있지 못하고 수업 시간에도 마음대로 교실을 돌아다니며 떠들고 장난하는매우 산만한 여자아이였다. 문제는 그런 행동이 반복적으로 이루어진다는 점이었다. 숙제는 고사하고 성적은 늘 꼴찌였고, 그래서 선생님의 골머리를 아프게 했던 이 여자아이가 바로 질리언 린이었다. 선생님은 몇 번이고 아이를 야단치고 얼러보기도 했지만 아무런 소용이 없었다. 이렇게 1년간 아이를 위해 많은 노력을 쏟아부었지만 전혀 나아지지 않자 선생님은 ADHD가 아닐까 생각하고 부모에게 어렵게 편지를 썼다.

"질리언 린은 수업 중에 쉴 새 없이 움직입니다. 지난 1년간 아이를 위해 많은 노력을 했지만 아이는 호전되지 않았습니다. ADHD가 아닌지 의심되는데, 아이의 바른 교육을 위해서라도 검사를 받아보고 특수학교를 생각해보셔야 할 것 같습니다."

선생님의 편지를 받은 린의 부모는 가슴이 철렁 내려앉았다. 린은 부모님을 실망시켜 드린 것 같아 괴로워하며, 차분하지 못한 자신을 "공부를 잘하기는커녕 제대로 앉아있지도 못하다니, 나는 참 쓸모없는 아이야."라며 질책했다. 린의 부모는 아이를 데리고 정신과 의사를 찾아갔다. 의사는 한참 동안 린과 이런저런 얘기를 한 다음, 아이를 혼자 방에 두고 조용한 음악을 들려주면서 유심히 관찰해보기로 했다. 얼마 있다가 의사는 린의 부모를 불러 조그마한 구멍으로 아이를 보게 했다. 그때 놀라운 일이 벌어졌다. 춤을 한 번도 배워본 적이 없는 아이였던 린이 음악에 맞추어 근사한 동작으로 몸을 움직이기 시작했다, 린의 몸동작은 정말 우아했고, 리듬에 따라 절묘하게 움직였다. 의사는 린의 부모에게 이렇게 말했다.

"이 아이에게는 아무 문제가 없습니다. 춤의 재능이 있는 아이입니다. 가만히 앉아있는 것이 도리어 이 아이에게는 고통입니다. 린을 댄스 학교에 보내는 것이 어떻겠습니까?"

이렇게 해서 린은 댄스 학교에 들어가게 되었고, 그 앞에는 놀라운 광경이 펼쳐지게 된다.

"대단히 환상적이었어요. 교실에 들어가자마자 저와 같은 사람들이 가득 차 있었어요. 가만히 있지 못하는 저의 특징은 거기에서는 아주 자연스러운 모습이었죠. 자기의 생각과 감정을 몸으로 표현하는 사람들이 함께 웃고 있었어요. 저는 드디어 저의 쓸모를 찾은 것 같아 눈물이 났어요. 기쁨과 안도가 섞인 눈물이 그치질 않았어요."

린은 춤이 너무 재미있어서 학교에서도, 집에서도 매일 춤을 추었다. 이른 아침 일찍 일어나서 연습하는 것을 너무도 좋아했다. 이제 누구도 린을 ADHD라고 생각하지 않았다.

질리언 린은 뛰어난 발레리나이자 안무가가 되었다. 2018년 92세의 나이로 세상을 떠난 그녀는 <캣츠>, <오페라의 유령>과 같은 멋진 작품들을 만들었다. 뮤지컬 작곡가 앤드루 로이스 웨버는 "질리언 린 덕분에 뮤지컬 속으로 춤이 들어올 수 있었다."라고 극찬했다. 그녀는 대영제국 훈장과 함께 영국에서 가장 큰 명예라고 할 수 있는 기사 작위를 받기도 했다.

스티브 잡스(Steve Jobs)도 ADHD 증후군이었다. 빌 게이츠(Bill Gates)도 휴학을 하며 심리 치료를 받기도 했다. 소심한 성격과 여자 앞에만 서면 부자연스러워지는 워런 버핏(Warren Buffet) 역시 언어 치료를 받았다. 단점만 보면 모두 문제아로 인식될 뻔했던 사람들이지만, 장점을 보며 그 장점을 잘 부각함으로써 인생을 대성공으로 이끌었다.

질리언 린의 이야기를 통해 알 수 있듯이, 그녀의 삶을 송두리째 바꾼 것은 스스로에 대한 믿음이었다. 린은 몸을 이용해 아름다운 동작을 만들어내는 탁월한 재능이 있었다. 그러나 그 재능을 발견하기 전까지, 그녀는 가만히 앉아서 공부해야 하는 과목에서는 대부분 꼴찌였다. 당연히 자기 스스로에 대한 믿음이 밑바닥 상태였지만, 춤에 대한 재능을 발견하고는 스스로에 대한 믿음이 높아졌다.

이와 관련된 심리학 용어가 바로 자기효능감이다. 자기효능감이란 자신이 어떤 일을 성공적으로 수행할 수 있는 능력이 있다고 믿는 기대와 신념을 말한다. 그래서 자기효능감은 사람이 노력하는 모든 영역에 영향을 미치게 된다. 예컨대 어떤 사람이 다이어트를 한다고 하자. 그러면 일단 몸무게를 줄여야 한다는 목표를 세우고, 식이조절과 운동을 병행하며 노력하게 된다. 하지만 다이어트를 하는 과정은 힘들고 어렵다. 그런데도 그 과정을 이겨내면서 다이어트를 하는 이유가 뭘까? 그것은 "내가 열심히 먹는 것을 줄이고 운동을 꾸준히 하면 반드시 목표를 달성할 수 있을 거야."라는 기대와 믿음이 있기 때문이다. 그 기대와 믿음이 힘든 다이어트 과정을 견디도록 하는 동기를 주는 것이다. 이렇게 자신이 해낼 수 있다는 판단과 신념을 '자기효능감'이라고 한다.

다양한 심리 연구에서 밝힌 바에 의하면, 자기효능감이 높은 아이들은 힘들고 어려운 도전적 과제가 주어졌을 때 쉽게 포기하지 않고 더 많은 노력을 기울이는 경향이 있다. 반드시 이 과제를 수

행해내고 말겠다는 신념을 가지고 성취 지향적인 활동을 추구하면서 계속 도전한다. 설령 실패한다고 할지라도 크게 좌절하지 않으며, 늘 긍정적인 생각으로 자신감 있는 행동을 보이면서 결국에는 더 나은 결과를 가져오게 된다. 그러나 자기효능감이 낮은 아이들은 힘들고 어려운 과제가 주어졌을 때 쉽게 포기하고 만다. 자신을 부정적으로 보는 것은 물론이고, 타인에게도 부정적인 태도를 보이는 경향이 강하다고 한다.

어떻게 하면 아이의 자기효능감을 높일 수 있을까? 첫째, 목표를 너무 높게 잡지 않고 현실적인 목표를 계획하도록 한다. 목표가 너무 높으면 아이가 좌절하거나 지치기 쉽기 때문이다. 따라서 현실적이고 실현 가능한 목표를 계획하게 하고, 그 목표를 성취함으로써 작은 성공의 경험을 쌓도록 하는 것이 중요하다. 그러한 작은 성공 경험이 쌓이면 '나도 할 수 있구나.'라는 자신감과 신념이 생기게 된다. 둘째, 아이를 지지해주고 응원해주며 격려해주는 주변 사람이 많아야 한다. 주변 사람의 지지와 격려는 아이에게 정서적인 안정감을 주기 때문이다. 셋째, 이렇게 아이가 주변 사람의 열렬한 지지를 받으면서 자신이 세운 목표를 성취하는 경험이 쌓이고 쌓이면, 아이는 노력하는 자신을 신뢰하게 된다. 자신을 신뢰하게 되면, 아이는 어떤 일이든 해낼 수 있게 된다.

3장

가치 혼란의 시대를
살아가는 아이들

화장하는 아이들

우리는 지금 가치 혼란의 시대를 살아가고 있다. 외모와 생김새로 사람의 가치를 판단하는 시대, 외모에 따라 취업과 결혼, 사회생활이 결정되는 시대, 그래서 잘못된 가치관이 지배하는 사회가 되어버린 지 오래다. 그래서 그런지 어릴 때부터 아이들이 외모에 신경을 많은 쓰는 것 같기도 하다. 초등학생, 중학생, 고등학생을 불문하고 많은 10대 여학생들이 화장하는 이유가 있겠지만, 외모와 생김새를 중요시하는 시대의 흐름을 반영하고 있는 것은 아닐까 조심스럽게 생각해본다.

<대학생이 들려주는 시사 이야기>에서는 고등학교 여학생을 대상으로 왜 화장을 하는지에 대해 질문하였다. 이에 대해 고교 2학년에 재학 중인 세 명의 여학생들이 답한 내용을 들어보자.

Q1. 아직 학생인데 화장을 왜 하는가?

A고등학교 2학년 A학생 : 화장을 안 하고 학교에 가면 친구들이 뭐라고 한다. 화장을 안 하면 자신감이 없어지는 기분이 들어서 화장을 꼭 하는 편이다. 중학교 때까지는 부모님이 화장하는 걸 혼내셨다. 그런데 고등학교에 입학한 뒤로는 교칙에서도 화장이 자율이 되었고 부모님도 더 이상 혼내지 않으신다. 화장품은 로드샵이나 드럭스토어에서 저렴한 제품을 구매하기 때문에 비용 부담도 크지 않다.

A학생의 주변에서는 화장에 대해 점차 관대해지는 분위기가 조성되었고 그러한 분위기 속에서 A학생은 화장이 자신감을 높이는 긍정적 효과가 있다고 언급했다.

B고등학교 2학년 B학생 : 화장을 하면 얼굴의 잡티를 가릴 수 있고, 얼굴형 등 단점을 보완할 수 있다. 화장한 모습을 보면 자존감이 높아지는 기분이 들어 화장을 하고 다닌다. 부모님은 "아직 어린데 화장을 왜 하느냐?"라고 나무라신다. 다행히 학교에서는 선생님들이 화장을 개성의 표현이라고 생각해주신다.

B학생 역시 자신감을 높이기 위해 화장을 한다고 말한다. 그리고 B학생의 학교 역시 화장에 대해 관대한 모습을 보이지만, 아직 부모님은 이해하지 못하는 눈치이다.

C고등학교 2학년 C학생 : 화장을 하고 다니면 스스로의 만족감이 높아진다. 또 다른 사람들에게도 더 예뻐 보이고 싶은 마음에 화장을 한다. 향후 메이크업을 전공하고 싶다. 메이크업을 배우는 중인데, 부모님도 긍정적으로 생각하신다. 다만 화장품 구입 비용이 부담스럽긴 하다. 너무 저렴한 제품은 피부에 안 좋다는 이야기를 많이 들어서 용돈을 최대한 많이 모아서 좋은 브랜드 제품을 사려고 하는 편이다.

C학생 역시 위의 두 학생처럼 자신감을 높이려고 화장을 하고 다니는 것으로 보인다. 그리고 이 학생은 아예 전공을 메이크업으로 정하고 열심히 노력하고 있다.

Q2. 화장하는 학생을 부정적으로 보는 사람들에 대해 어떻게 생각하는가?

A학생 : 지금 어른들이 학생이던 시절에는 학생들의 화장 문화가 없었다. 그래서 어른들 눈에는 화장이 학생의 본분에 맞지 않는다고 생각할 수도 있다. 하지만 이제는 시대가 바뀌었다. 화장에 대한 교칙도 바뀌고 있는 만큼, 화장하는 학생을 너무 나쁘게만 보지 않았으면 좋겠다.

이제는 어른들도 바뀌는 시대에 편승해야 한다는 의견이다.

B학생 : 아직 어려도 개성을 표현하고 싶다. 조금이라도 더 가꿔진 모습을 사람들에게 보여주고 싶어서 학생들도 화장을 하는 거다. 이 모습을 너무 나쁘게만 보지 말고 좋게 봐주셨으면 좋겠다.

개성을 표현하는 것이므로 나쁘게 보지 말아줬으면 하는 의견이다.

C학생 : 학생이 교복 차림에 화장을 하고 돌아다니면 "양XX 같다.", "불량하다."라는 이야기를 많이 하신다. 온라인상에도 "어릴 땐 화장 안 하는 게 예쁜데 왜 하는지 모르겠다."라고 말하는 사람들이 많다. 그런데 정작 같은 10대들 눈에는 화장한 우리의 모습이 우리들만 누릴 수 있는 가장 예쁜 모습이라고 생각한다.

화장한 모습이 제일 예쁜 모습이라는 의견이다.

대부분 학교에서는 화장하는 아이들 때문에 교사들이 생활지도를 힘들어하고 있다.

수업 시간에 화장 도구를 버젓이 내놓고 분첩을 두드리는 아이,
화장 도구를 압수하자 교사에게 욕을 하는 아이,
화장을 너무 진하게 했다고 지도하는 교사에게 막말을 쏟아내는 아이,
그런 아이들이 무서워서 화장을 하든 말든 내버려 두는 교사,
화장 도구를 압수하면 난리를 피우게 될까 봐 그냥 못 본 척 넘어가는 교사,
어찌하면 좋을까?
이런 상황에서 아이들의 생활지도를 어떻게 해야만 하는 것일까?

학교 현장이 이렇게 각박한데 일선에서는 학생 인권만 두둔하고 있고 아이들만 감싸는 현실, 학교 현장에서 하루만 생활지도를 해보면 탁상공론의 정책이 얼마나 우스운 것인지를 금방 알게 될 것이다. 이런 현실 앞에서 교사들은 절망하지 않을 수 없다.

생활지도에 불손한 태도를 보이는 아이,
지도를 불이행하는 아이,
막 나가는 아이,

이런 아이들을 "성숙하지 못해서 그런 거지." 하면서 그냥 책임을 회피하듯 적당히 넘기는 교사, 위에서는 처벌만이 능사가 아니

라고 말하면서 교사에게는 성실의 의무만 요구하는 앞뒤가 맞지 않는 현실에 교사들은 혼란스럽지 않을 수 없다.

인격적으로 아직 덜 성숙한 아이를 지도하기 위해서 생활교육부로 데려가는 것도, 그런 아이도 제대로 지도하지 못하는 교사로 낙인이 찍히게 될까 봐서 하지 못한다. 또 왜 유독 저 교사만 유별나게 아이를 지도하는지 모르겠다는 취급을 받을까 봐 당연히 교권 침해에 해당함에도 그냥 넘어가는 교사, 이러지도 못하고 저러지도 못하는 안타까운 현실에서 어떻게 하면 좋단 말인가?

옷을 바르게 입고 머리를 단정히 빗으며 얼굴을 깨끗하게 단장해야 어울리는 어린 나이에, 남에게 예쁘게 보이려고 부족해 보이는 부분을 위장하는 가식적인 어른들의 화장에 눈을 뜨는 아이들의 미래가 걱정스럽지 않은가? 그들이 우리의 미래이기 때문에 더욱 그렇다. 나름대로 아이들이 화장하는 이유가 있어 보이지만, 글쎄, 교복 입고 화장하는 아이들을 어떻게 대해야 하는지 어른들은 혼란스럽기만 하다. 외모로 사람을 평가하는 사회의 한 단면이 아닐 수 없다. 인격이나 사람 됨됨이가 아니라 얼굴만 잘생기고 예쁘면 좋은 사람으로 대접받는 외모 지상주의 사회. 잘생겨서 대접받는 것이 나쁘다는 얘기가 아니다. 외모를 가지고 취업, 인간관계, 사람 됨됨이까지 평가하는 것이 문제라는 것이다.

바른 가치관을 가지고 산다는 것이 갈수록 힘들어지고 있다. 물질이나 외모로 판단하는 가치관이 팽배한 사회, 명품으로 치장하고 고급 승용차를 타고 고급 아파트에 사는 사람이 더 귀하게 대접받는 사회는 결코 정상적이지 않다. 기성세대가 만들어놓은 관습이나 가치관이 다 나쁜 것은 아니지만, 그렇다고 그것들이 다 절대적인 선이라고 말할 수는 없다.

가치 혼란의 시대에 바르게 산다는 것은 참으로 어렵고 힘든 일이기에, 특별히 부모 된 우리는 무엇이 옳고 그른지를 분별할 줄 아는 지혜를 가지고 아이들을 양육해야 할 것이다. 형식보다 내용을, 결과보다 과정을 중요하게 여길 줄 아는 나름의 소신과 철학을 가지고 교육해야 아이들이 바른 가치관을 형성할 수 있다. 좋은 게 좋은 것이 아니라, 옳은 것은 옳고 틀린 것은 틀렸다고 말할 수 있는 용기 있는 부모, 그래서 아이들에게 결코 부끄럼 없이 살았노라고 떳떳하게 말할 수 있는 부모, 열린 마음으로 세상을 바라볼 줄 아는 가슴 따뜻한 마음을 가진 부모가 되어야 한다. 이보다 더 훌륭한 부모가 어디 있으며, 이보다 더 좋은 부모가 어디 있겠는가?

정말 공부만 잘하면 다 되는 것일까?

어떤 아이의 볼멘소리이다. "학교에서 제 짝이 전교 1등인데 애가 쌤한테 조금 장난식으로 말해도 뭐라 잘 안 하시고, 벌점도 다른 애들보다 좀 약하게 주시고…. 정말 선생님들도 공부로 판단하시나요? 선생님들 말로는 성적만 보지 않는다고 하셨는데, 저희가 보기에는 성적에 따라 취하시는 행동이 조금씩 다르신 것 같아요."

공부만 잘하면 뭐든 용서가 된다는 식의 말을 어떻게 생각하는가? 사람의 됨됨이가 그 사람의 가치를 판단하는 기준이 되어야 한다. 공부를 좀 잘하고 시험 문제 하나 더 잘 맞히는 것이 그 사람의 가치를 판단하는 기준일 수는 없다. 결론부터 말하자면 인성이 돼먹지 못하면 아무리 성적이 좋아도 아무짝에도 쓸모가 없다. 차라리 인성이 좋으면서 꼴찌 하는 아이가 훨씬 나은 것이다.

요즘 우리 사회는 사람을 판단할 때 그 사람의 인성 따위는 안중에도 없고 오로지 스펙(spec)만 보고 판단하는 것이 문제다. 어떻게 사람을 스펙으로 판단할 수 있을까? '스펙'은 영어 'Specification'의 줄임말로 취업 준비생들 사이에서 쓰이는 용어다. 직장을 구할 때나 입시를 치를 때 요구되는 학벌, 학점, 토익 점수, 봉사활동, 해외연수, 교환학생 등의 평가 요소를 말한다. 그러나 원래 스펙이라는 용어는 기계나 무기에 쓰이는 단어이다. 예컨대 기계나 무기의 제원을 말할 때 스펙이라는 용어를 사용한다. 언제부턴가 그 용어가 인간에게 쓰이는 것을 보면서 참 씁쓸함을 느낀다.

그래서 요즘 면접관들은 아예 스펙을 믿지 않는다. 똑같은 스펙에 넌덜머리가 난다는 것이다. 쓸모없는 자격증에 봉사활동, 해외연수, 토익 점수, 교환학생, 인턴 등 비슷한 스펙으로 꽉 찬 이력서를 쳐다보기도 싫다는 것이다. 창의적인 인재를 발굴하는 데 변별력의 한계를 느끼면서 오히려 방해만 되기 때문에 스펙을 적는 칸을 아예 없애버리기도 하고, 에세이를 쓰게 하거나 상황극, 미션을 수행하는 것을 통해 그 사람의 됨됨이와 잠재력을 평가하는 추세이다.

국민은행이 신입 사원을 모집할 때 스펙을 써넣는 칸 자체를 없애버린 것은 이런 고민의 연장선에 있다고 할 수 있다. 국민은행은 대신 입사지원서에 "문학, 역사, 철학 등 인문 분야에 대한 고민과 성찰을 통해 통찰력, 상상력, 창의력 등을 향상시킨 경험을 쓰라."라고 요구했다. 국민은행 관계자는 "기본적으로 은행은 서비스업이라 사람을 대하는 방법이 중요한데, 스펙과 같은 경직된 지식보다는 인문학적 소양이 더 필요하다고 판단했다."라고 말했다.

다음은 실제로 어느 기업에서 신입 사원을 채용하며 출제한 시험 문제이다. 내용은 다음과 같다.

당신은 폭우가 쏟아지는 어느 날 밤, 자동차를 몰고 가고 있다. 버스 정류장을 지나가게 되었는데 그 정류장에는 세 사람이 비를 맞으면서 덜덜 떨고 있다. 그런데 버스를 기다리고 있는 이 세 사람 가운데 당신은 단 한 사람만 태우고 갈 수 있다.

첫 번째 사람은 노인인데 아주 깊은 질병이 있다. 몸을 덜덜 떨면서 병원에 가기 위해 버스를 기다리고 있다. 두 번째 사람은 의사로, 얼마 전 당신이 병원에 입원해서 큰 수술을 받았을 때 당신을 살려준 생명의 은인이다. 그리고 마지막 세 번째 사람은 한평생 마음에 그려오던 이상적인 예쁜 여인이다. 이 세 사람 중 당신은 누구를 태우고 가겠는가?

여러분이 만약에 시험을 치른다면 누구를 태우고 가겠는가? 노인

채찍질하는 부모
방향 없이 달리는 아이

인가? 아니면 자신을 구해준 생명의 은인인가? 그도 아니면 평생 마음속에 그려온 이상적인 여인인가?

수험생들은 나름대로 머리를 짜서 이렇게 하는 것이 좋겠다, 저렇게 하는 것이 좋겠다 하면서 옥신각신했다. 어떤 친구는 말하기를, 만약 노인을 태우고 가다가 죽기라도 한다면 평생 마음에 부담으로 작용하게 되니까 노인은 어렵지 않겠냐고 했다. 또 어떤 친구는, 의사는 다음에도 신세 갚을 날이 얼마든지 있을 것이고, 이 절세미인을 놓치면 평생 다시 만난다는 보장이 없으므로 미모의 여인을 태우고 가겠다고 했다. 각자가 이런저런 생각으로 자신의 답을 말했다.

수험생 200명을 물리치고 단 한 사람이 선택되었다. 그의 답은 그야말로 명답이었다. 그는 "자동차 열쇠를 의사에게 주고, 노인을 태워서 빨리 병원에 가서 치료를 받도록 하겠다. 그리고 자신은 어여쁜 절세미인과 버스를 기다리겠다."라고 답했다. 명답 중의 명답이었다.

사람은 욕심 때문에 이것도 저것도 버릴 수가 없어서 도리어 아무것도 얻지 못할 수 있다. 하지만 자동차를 내려놓으니 자신을 살려준 의사에게 은혜를 갚을 수 있었고, 죽어가는 노인을 살릴 수 있었고, 절세미인도 얻을 수 있었다. 하나를 버리고 세 가지 모두를 얻는, 그야말로 명답이 아닌가? 이런 창의적 사고는 경직된 지식에서는 결코 나올 수 없다. 인성과 인문학적 소양이 갖추어진 유연한 사고를 하는 자만이 할 수 있는 대답인 것이다.

스펙으로 그 사람의 가치를 판단할 것이 아니라 그 사람이 평소에 어떤 생각을 하면서 사는지, 무엇을 위해서 사는지, 그리고 어디에 가치를 두고 사는지를 보는 시대가 된 것이다. 기업마다 탈(脫)스펙 채용을 위해 다양한 시도를 하고 있다. 어떤 은행에서는 면접에서 '깜짝 카드'를 뽑게 했는데, 그 카드에는 코끼리, 원숭이, 사탕 같은 물건이 그려져 있었다. 면접관은 "여러분은 지금 코끼리, 원숭이, 사탕을 팔아야 하는 세일즈맨입니다. 면접관을 고객으로 생각하고 한 번 팔아보세요."라는 문제를 내었다.

SK그룹은 '바이킹형' 인재 채용 전형을 도입했다. 입사 희망자가 아무런 서류 없이 채용 담당자를 만나 5분여 현장 인터뷰를 하고, 끼와 열정이 넘치는 인재라고 채용 담당자가 판단하면 서류 전형을 면제해주는 것이다. SK그룹 전형 관계자는 "스펙만 좋은 사람은 입사 이후 조직에 적응하지 못하고 바로 퇴사하는 경우가 적지 않다." 라고 하면서, "자기 분야에서 끼와 열정을 바탕으로 기득권을 포기하면서까지 새로운 도전을 즐기는 바이킹형 인재를 선발하는 데 역점을 두었다."라고 말했다.

인력을 채용하는 과정에서 기업들이 지원자들의 스펙을 전혀 안 본다고 할 수는 없다. 입사 지원자들의 학력과 학교 성적, 외국어 구사 능력 등은 여전히 중요한 채용 기준으로 작용한다. 그러나 앞으로는 스펙보다는 인성과 인문학적 소양이 더 중요한 요소가 될 것이다. 이를 고려할 때, 똑똑한 사람으로 키우는 것도 중요하지만 그보다 인성이 올곧은 아이로 키우는 것이 더 중요하다. 솔직하게 말하면 위에서 볼멘소리를 한 학생처럼 학교에서 학생을 차별하는 선생님들이 더러 있기는 하다. 하지만 대부분 선생님은 인격이 된 아이를 최고로 여기는 것이 현실이다. 요즘같이 아이들의 인성이 무너질 대로 무너져 버린 세상에서, <스승의 은혜> 노래 가사처럼 참되고 바르게 자라는 아이를 교사들은 최고로 여긴다.

양심을 키울 도구는 없는가?

양심은 어떤 모양일까? 아메리카 인디언들은 상형문자를 쓴다. 그들의 문자를 보면 아이들의 양심은 세모, 어른들의 양심은 동그라미이다. 어린이가 죄를 지을 때 마음이 아픈 이유는 끝이 날카로운 세모꼴 양심이 요동을 치면서 마음을 긁기 때문이다. 그러나 살아가면서 그 날카로운 모서리는, 거짓과 여러 가지 악한 행위, 자신도 모르게 진리인 양 믿고 있는 선입관과 고정관념의 틀 때문에 점점 닳아 둥그렇게 변한다. 그래서 어른이 되면 불의와 교만, 무례히 행하며 악한 것을 생각하고 시기와 질투로 잘못을 범하고 악의 모양을 따라가도 전혀 아픔을 느끼지 못한다. 양심의 가책을 느끼기는커녕 도리어 남의 아픔과 고통을 즐기면서 오히려 당연하다고 생각한다. 결국 양심이 무딘 사람으로 변하는 것을 보게 된다.

인간은 누구나 죄를 지을 수 있다. 그러나 죄를 짓는 것보다 더 큰 문제는 지은 죄를 성찰하고 새롭게 자신을 정화하는 시간을 가지지 않는다는 데에 있다. 죄에 대한 성찰과 정화의 시간 없이 거

듭되는 죄는 양심을 무디게 하고, 마치 바다 한가운데에서 좌표를 잃고 표류하는 배처럼 자신의 모습을 잃게 만든다. 그러다가 문득 어느 날 예전의 내가 아닌 낯선 내가 된 것을 발견하는 것이다. 마치 치매 환자처럼 내가 누구인지, 어디에 있는지, 지금 무엇을 하고 있는지조차 모르게 되는 것이다.

또 어떤 사람은 겉은 멀쩡하지만 속은 악마인 그런 사람으로 변해버리기도 한다. 텔레그램 박사방을 운영했던 A씨가 검거되면서 포토라인에서 했던 "악마의 삶을 멈춰주어서 감사합니다."라는 말처럼, 본래의 자신과는 전혀 다른 악한 사람이 되는 경우도 많다.

어느 정신건강의학과 의사의 이야기이다. 얼굴이 귀공자처럼 생긴 30대 중반의 K씨. 옷차림도 말쑥하고 화술도 능란했다. 교양도 있어 보이고 명함을 보니 모 회사 대표였다. 의사는 오랜 시간 이야기를 나누었지만, 그가 정신건강의학과를 방문한 이유를 알 수 없었다. 부인과 형제들을 만나본 뒤에야 그가 '반사회적 인격 장애'임을 확진하게 되었다.

가족은 그가 거짓말을 밥 먹듯이 하고, 자신의 요구가 충족되지 않으면 아내를 구타하며, 충동적이고 양심이라고는 전혀 찾아볼 수 없는 사람이라고 털어놓았다. 그의 아내는 "겉으로 보면 매력적으로 보이겠지만 짐승보다 더 못한 인간이다. 그 인간과 하루하루 살아가는 게 지옥 생활과 다름없다."라며 목소리를 높였다.

그리고 또 한 사람, 실직 상태 중 마약을 운반하다가 적발된 27세 S씨. 조사 과정에서 우울, 불안, 분노 조절의 어려움 등을 호소해 경찰이 모 대학병원 정신건강의학과에 검진을 의뢰하였다. 그는 중학교 시절부터 친구들의 물건과 돈을 훔치기 시작했다. 고등학교에 들어가서는 교칙을 자주 어기고 친구들을 괴롭히거나 위협하는 일도 잦아졌다. 결국 고교를 중퇴한 그는 폭력 조직에 들어가 소매치기, 강도, 성폭행 등의 문제로 수차례 법적 처벌을 받았다.

S씨는 말주변이 좋고 겉보기에 말끔한 인상이어서 여성들에게 인기가 많았다. 그러나 그는 여자 친구에게 아무렇지도 않게 거짓말을 하고 사기를 치는 등 착취적인 모습을 보였으며, 동시에 여러 여성을 만나는 등 성적으로 문란한 생활을 했다. 그의 아버지는 알코올 중독자였으며 자녀들을 자주 구타했다고 한다. 그는 의사에게 아버지가 어머니를 폭행하는 모습을 자주 목격했다고 말했다. 그는 자신의 불법 행위 및 타인에게 끼친 피해에 대한 죄책감을 전혀 느끼지 않는 모습이었으며, 모든 문제의 원인을 가족과 사회로 돌렸다.

말끔한 인상의 마약 운반책 S씨와 화술이 능란하고 잘생긴 회사 대표 K씨. 이들은 무고한 사람을 폭행하고 거짓말을 일삼는 인면수심의 중죄인이라는 사실 말고도 공통점이 한 가지 더 있다. 바로 반사회적 인격 장애, 즉 사이코패스(psychopath) 진단을 받았다는 점이다. 사이코패스는 남의 고통을 헤아리지 못해 반사회적 범죄를 일으키기도 하는 인격 장애를 일컫는 용어다. 흔히 '양복을 입은

뱀'으로 묘사되는 사이코패스, 그들의 정체는 과연 무엇일까? 사이코패스는 양심이 실종된 사람이라고 할 수 있다. 언론을 통해 초등학생 성폭행범의 잔혹한 사건 소식을 접하고 많은 사람이 "도대체 어떤 환경에서 자랐기에 어린아이를 상대로 눈 하나 깜짝하지 않고 그 흉악한 일을 저지를 수 있었던 것일까?"라며 혀를 찼다. 평범한 환경에서 자란 인간도 사회성이 결여된 끔찍한 범죄 행위(연쇄살인, 아동 성폭행)를 저지를 수 있을까? 이 사건은 인간의 본성을 탐구하면서 끊임없이 되풀이되어온 사이코패스의 '선천성'과 '후천성'(환경적 요인) 논쟁에 다시 불을 붙이는 계기가 되었다.

사이코패스는 1801년 프랑스 정신과 의사 필리프 피넬(Philippe Pinel)이 '정신병 증상이 없음에도 충동적이고 비합리적이며 위험한 행동을 반복하는 사람들'에게 붙인 말이다. 이들은 양심이 결여되어 있고, 충동적이라서 원하는 것을 즉시 얻기 위해 타인을 해치거나 괴롭히기를 주저하지 않는다. 또 대가를 얻거나 복수하기 위해 폭력을 행사하기보다는 폭력 자체에서 즐거움을 얻는 경우가 많다.

건국대병원 정신건강의학과 하지현 교수는 "자기중심적이라 타인을 괴롭히거나 지나친 요구를 하고도 미안해하지 않고, 자신의 행동에 책임을 지거나 죄의식을 느끼지 않는 것도 사이코패스의 특징 중 하나."라고 설명했다. 그래서 사이코패스는 다른 사람들과 긴밀한 애착 관계를 형성하는 데 어려움을 겪어 결혼 생활을 오래 지속하지 못하는 경우가 많다. 정신과학자들은 사이코패스를 만

18세의 나이를 기준으로 구별한다. 타고난 기질이 상대적으로 많이 작용하는 18세 이전에는 '품행장애'(conduct disorder), 그 이후에는 '반사회적 인격 장애'(antisocial personality disorder)로 각각 부른다. 그러나 이는 소아청소년기와 성인기의 질환을 구별하기 위해 임의로 나눈 것일 뿐이다.

고려대 안암병원 정신건강의학과 이민수 교수는 "실제로 어린 시절에 품행장애가 있던 아이 중 반 이상이 커서 사이코패스로 이환되는 것으로 조사되고 있다."라고 지적했다. 타고난 기질과 어릴 때의 경험이 한 사람의 인생에 그만큼 중요한 영향을 미친다는 얘기다. 정신과학자들은 반사회적 행동을 하는 사람들의 경우 양심이나 죄의식과 관련한 '초자아' 형성에 문제가 있다고 본다. 부모의 반사회적 행동을 보고 배웠거나 열악한 성장기 환경을 접하면서 자연스럽게 죄의식이 내재화될 기회를 잃고 말았다는 것이다.

특히 12세 이전, 즉 사춘기 징후가 드러나기 전부터 동물을 학대하거나 다른 아이를 때리는 등의 파괴적이고 위험한 행동을 일삼는다면 타고난 기질이 작동한 것일 수 있으므로 세심한 주의가 필요하다고 말한다. 사이코패스 성향이 있는 남자의 친척 중에는 같은 문제를 안고 있는 사람이 5배나 많다는 보고도 있다. 문제는 아직 이를 현실에서 제어할 방법이 없다는 것. 반사회적 행동을 일삼는 사이코패스는 정신건강 치료보다는 사회로부터 격리하는 교도소행이 해결책이라고 말할 정도이다. 건국대병원 정신건강의학과 하지현 교수는 "잃어버린 양심을 되찾아주면 될 텐데, 정신과학계는 아직 그 양심을 키울 도구를 찾지 못한 상태이다."라고 말했다.

어떻게 하면 깨끗한 양심을 가진 아이를 키울 수 있을까? 사이코패스는 일반적으로 타인에 대한 공감, 죄책감, 양심의 가책 등을 느끼지 못하는 사람을 일컫는다. 선천적 기질에 문제가 있기에 감각 기능의 각성 수준이 낮아 일반적인 사람들에 비해서 외부 자극을 더 추구하려는 경향이 있다고 한다. 반면 소시오패스의 경우 후천적으로 만들어진 사람에 가까우며, 어린 시절의 무관심이나 학대 등에 노출되어서 발생한 반사회적 성격장애라고 볼 수 있다.

그러므로 반사회적 성격장애를 방지하는 방법은 아이에게 어렸을 때부터 타인을 존중하고 배려하는 마음을 길러주는 것이다. 타인의 아픔과 고통, 기쁨을 함께 나눌 줄 아는 공감 능력을 키워주고, 잘못을 저질렀을 때는 윽박지르고 혼내기보다는 자신의 잘못을 돌아보게 하는 훈련을 해주는 것이 양심을 키울 수 있는 유일한 도구가 아닐까 한다. 반사회적 성격장애를 지닌 사람들을 보면 대체로 아동기에 자존감이 낮을 뿐만 아니라 정서적으로도 미성숙함을 보이는 경우가 많다는 것을 볼 때, 아이의 자존감을 높여주고 정서적으로 안정감을 가지고 성장할 수 있는 환경을 마련해주는 것도 중요하리라 본다.

또한 충동조절장애를 가진 아이들도 많다. 충동조절장애의 키워드는 '중독'이다. 최근 WHO에 질병코드로 등록된 게임중독 역시 현실에서의 스트레스를 해소하기 위해 시작했다가 왠지 모를 쾌감을 느끼면서 어느 순간 중독되는 공통점을 가지고 있다. 방학 동안 컴퓨터 게임 문제로 엄마와 아이들이 실랑이를 벌이는 것은 흔한 일이다. 아이들이 게임에 빠지는 이유는 다양하지만, 지나치게 성취욕이 강하고 경쟁적인 성격이 원인이 되기도 한다.

연세누리정신과 이호분 의사는 자신이 치료한 중학교 3학년 남학생은 컴퓨터 게임에 빠져 잠자는 것도 잊고 밥을 먹으면서도 게임을 한다고 했다. 게임을 못 하게 하면 엄마에게 욕을 하고, 심지어 엄마를 밀치고 폭행하기도 했다. 어릴 때 이 남학생은 머리가 좋을 뿐만 아니라 공부를 썩 잘해 가족과 친척은 물론 학교에서도 온갖 기대를 한 몸에 받으며 자랐다. 초등학교부터 특목고를 준비하기 위해 새벽까지 학원에서 공부했고, 당연히 친구들과 어울려 놀 시간은 없었다.

그의 부모는 경제적으로 어려운 편이었지만, 아이의 교육에는 아끼지 않고 투자했다. 아버지도 아들처럼 어려서 똑똑하다는 평을 들었지만, 가정 형편상 대학에 가지 못했고 그것이 한으로 남았었다. 엄마 또한 매우 성취 지향적이고 열심인 분이었고, 아이에게도 그런 태도를 요구했다. 부모는 공부와 관련해 점점 더 많은 것을 요구하였고, 아이가 느끼는 심리적인 부담도 그만큼 커졌다. 하지만 부모에게 인정받는 것이 중요했던 아이는 내색하지 못하고 부모의 기대를 만족시켜 왔다. 부모가 마음을 읽어주지 않아 자신의 감정이 어떤 것인 줄도 모르면서 말이다.

그런데 중학교 2학년에 접어들어 사춘기가 되면서 집중력도 떨어지고 생각이 많아졌다. 왜 공부를 해야 하는지 이유를 알 수 없었다. 당연히 성적도 떨어졌다. 특목고를 준비하는 대다수 친구와는 다른 가정환경이 열등감으로 작용했다. 이를 보상받으려고 늘 경쟁에서 이기려고 해왔던 아이는 좌절을 견딜 만큼 마음이 자라지 못한 상태였다.

친구도 별로 없어 마음을 나눌 수도 없었다. 조금씩 외롭고 무기력해졌지만, 부모는 눈치채지 못했다. 그러던 차에 컴퓨터 게임에서 아이는 짜릿함을 맛보았다. 공부 외에 또 다른 승부의 세계에 빠진 셈이다. 게임을 통해 상대를 제압하고, 모두를 자신 앞에 무릎 꿇게 하는 성취감을 짜릿하게 느꼈다. 현실에서의 열등감을 보상할 수 있었기 때문에 아이는 현실 세계로 나오기보다는 게임 속에 피신하고 싶었던 것이다.

게임에 빠지는 아이들은 문제의 남학생처럼 승부욕이 강하지만 무기력하거나 고립되어 있어 다른 이들과 감정을 교류하지 못하는 아이들인 경우가 많다. 고위험군이라고 할 수 있다. 하지만 부모들은 이런 아이의 특징에는 별 관심이 없다가 게임중독이라는 문제 행동에 이르러서야 비로소 다급해진다. 하지만 아이의 발달 과정을 살펴보면 적어도 3~4년, 아니 그 이상 오래전부터 문제를 잉태하고 있었고, 결과로서 게임중독에 빠진 것이라고 보아야 한다.

부모는 강하게 행동을 통제하면 될 것으로 생각해 아이를 야단친다. 그러다 아이가 크게 반항하면 아차 싶어 뒤로 물러난다. 이후로 부모는 권위를 상실하고 아이와 동등한 수준에서 싸우게 된다. 심지어 부모와 자식 간의 지위가 역전되어 아이에게 사정하게 된다. 문제가 자꾸 미궁으로 빠져드는 것이다.

문제의 남학생처럼 부모와 자식 간의 관계가 극도로 나빠진 후에야 병원을 찾아가는 경우가 많다. 이런 상황이 닥치면 먼저 아이의 마음을 살펴야 한다. 게임이 현실에서 실현하기 힘든 인정욕구를 채우는 수단이며 현실을 회피하기 위한 피난처임을 이해하고, 또 다른 건강한 안전지대를 만들어주어야 한다. 관심과 흥미를 느낄만한 대안을 찾아주어야 한다는 것이다.

게임을 자제하고 갑자기 공부를 하게 하는 것은 부모의 헛된 바람일 뿐 전혀 현실적이지 않다. 유익하지는 못하더라도 유해성이 적고 아이가 좋아하는 활동에 관심을 갖도록 하는 과도기를 거쳐야 한다. 가족 간 유대감을 깊게 할 수 있는 시간을 많이 갖고, 아이의 자신감을 높일 수 있는 활동을 하며 아이와 함께 규칙도 정하고 생활을 조금씩 구조화해나가면서 자기 통제력을 높여야 할 것이다.

4장

인생의 골든타임

골든타임은 한마디로 말하면 '생명을 살릴 수 있는 가장 소중한 금쪽같은 시간'을 가리키는 말이다. 비행기의 골든타임은 비행기가 이륙을 위해서 활주를 시작하고 난 다음 3분, 그리고 착륙할 때 필요한 시간 8분이다. 왜냐하면 이 시간대에 사고가 가장 자주 일어나기 때문이다. 만약에 비행기가 정상적인 착륙이 아니라 불시착을 하게 되면, 90초 후 대형 화재나 폭발이 일어날 수밖에 없다. 따라서 모든 승객은 90초 안에 비행기에서 탈출해야 한다.

배의 골든타임은 언제일까? 매스컴을 통해 보도된 것처럼, 헝가리 부다페스트 다뉴브강(도나우강)에서 유람선 침몰 사고가 발생하여 한국인 26명이 사망 내지는 실종되는 안타까운 일이 있었다. 배에 어떤 문제가 생겨서 완전히 물속으로 침몰하는 데 걸리는 시간은 최소 20분에서 최대 1시간 30분 정도라고 한다. 그 시간 안에 배에서 탈출해야 생존할 수 있다. 이를 배가 침몰했을 때의 골든타임이라고 볼 수 있다.

사람의 심장에 문제가 발생하여 심정지가 오게 되면 즉시 심폐소생술을 해야 한다. 심장이 정지한 후 심폐소생술은 4분 안에 이루어져야 생존율을 높일 수 있다고 한다. 4분이 지나게 되면 생존율은 50%로 급속도로 떨어지고, 뇌 손상이 일어나기 시작하며, 10분이 지나면 생존율은 0%라고 한다. 그러니까 심장이 멈추었을 때 골든타임은 4분이 되는 것이다.

뇌졸중은 1시간 안에 병원에 도착해서 치료를 시작해야 살 수 있다. 늦어도 3시간 안에는 치료가 시작되어야 한다. 뇌혈관이 막혀서 산소가 공급되지 않으면 뇌세포가 몇 분 안에 괴사하기 시작하는데, 한 번 죽은 뇌세포는 결코 살릴 수 없기 때문이다.

항공기나 배에 문제가 생겼을 때, 사람의 심장이 멈추었을 때, 뇌졸중일 때, 생명을 살릴 수 있는 골든타임이 얼마나 중요한지 모른다. 마찬가지로 인생의 골든타임도 있다. 인생의 골든타임은 언제일까? 바로 10대 시절이라고 할 수 있다. 특히 중학교 때가 인생의 가장 중요한 골든타임이라고 할 수 있다.

인생을 계절로 따져본다면 10대는 어느 계절에 속할까? 어찌 보면 봄의 계절이라고 할 수 있다. 봄은 어떤 계절인가? 가을에 풍성한 결실을 보기 위해서 좋은 씨앗을 좋은 땅에 뿌리는 시기가 아닌가? 봄에 좋은 씨앗을 심지 못하고 좋은 땅에 뿌리지 않는다면, 정작 인생의 가을이 되어 인생의 결실을 거두어야 할 시기에 아무것도 거두지 못한다. 인생의 골든타임이라고 할 수 있는 10대 시절을 어떻게 보내느냐에 따라서, 아니 중학교 시절을 어떻게 보내느냐에 따라서 아이의 인생이 전혀 달라지는 것이다.

악동 뮤지션

'악동 뮤지션'이라 불리는 아이들이 있다. 이들 이찬혁과 이수현은 서로 남매지간이다. 이 두 친구의 엄마, 아빠는 선교사역을 감당하고 있는 선교사들이다. 이들은 2008년부터 몽골 울란바토르에서 선교사역을 하셨는데, 두 남매는 몽골에서 언어 문제, 또 학비 문제로 학교 다니는 게 쉽지가 않았다. 그래서 학교에 가지 않고 홈스쿨링을 하면서 공부했다.

낯선 몽골 땅에서 이 두 남매는 5년 동안 생활하였다. 10대 시절을 믿음 안에서 자신만의 순수한 감성을 키우며 창의력을 기르고, 자신들의 재능을 키우면서 지냈다. 그러던 2012년 SBS의 <K팝 스타 2>에 참가하게 되었는데, 이 두 남매는 치열한 서바이벌 경연 끝에 최종 우승을 차지하게 되었다. 두 아이는 그토록 중요한 10대 시절, 인생의 골든타임이라고 할 수 있는 10대 시절을 선교사로 활동하는 부모님 밑에서 스스로 삶을 살아가는 법, 참고 기다리는 법을 배우면서 자랐다.

몽골에서 할 수 있는 것보다 할 수 없는 것이 훨씬 더 많은 10대를 보냈지만, 이렇게 어려운 환경에서 자란 덕분에 가족의 소중함을 알게 되었고, 친구의 소중함을 깨닫게 되었고, 삶의 소중함을 배우게 되었다. 이 아이들은 특별하게 음악을 배운 적이 없었다. 그냥 기타를 가지고 퉁탕거리면서 놀다가 노래를 만들어서 부르게 되었다는데, 그래서 그런지 몰라도 이 친구들이 만든 노래의 가사를 보면 참 순수한 감성이 녹아 있다. 한 편의 시 같은 느낌이랄까? 특히 이 친구들이 만든 노래 중 <못난이>가 그렇다. 동생 수현이가 자신을 생각하면서 노랫말을 지은 것이라고 한다.

아, 나는 못난이~
진짜 못난이~
진심 못난이~
정말 못난이~

작은 코, 작은 눈, 그래서 못생겨 보인다. 그런데 자꾸 거울을 통해 자신을 보니까 왠지 사랑스럽고, 그 사랑스러운 것도 못난이의 장점이라고 늘 긍정적으로 생각을 하면서 건강한 생각을 가지고 자신의 꿈을 아름답게 펼쳐나가고 있다.

이들은 낯선 땅 몽골에서 10대 시절을 보내면서 정말 힘들었지만, 행복한 시간이었다고 고백하고 있다. 그런 힘든 생활 속에서 자신의 먼 미래에 반짝반짝 빛나게 될 그 꿈을 발견했기 때문이라는 것이다. 그리고 10대 시절에 이들이 가지고 있었던 것은 "그래, 한번 해보는 거야. 너희들은 정말 멋있는 친구들이야."라며 옆에서 응원해주시고 용기를 북돋아 주셨던 엄마, 아빠였다. 늘 그러셨단다. "이것도 해보고, 저것도 한번 해봐."

아무것도 하지 않으면 아무것도 얻을 수 없다. 이것도 해보고, 저것도 해보고, 그래서 때로는 넘어지기도 하고, 실패도 하고. 그런 과정을 겪으면서 꿈을 키워갈 수 있다. 그런 과정을 통해 자신감이 생기기도 하고, 전혀 몰랐던 자신의 숨겨진 재능을 발견하게 되기도 하는 것이다.

이 두 남매는 참으로 어려운 환경이라고 할 수 있는 낯선 몽골 땅에서 10대를 보냈다. 얼마든지 10대 시절에 엇나갈 수 있었고, 곁길로 갈 수 있는 환경이었다. 그런 환경이 얼마든지 자신들을 망가뜨릴 수 있었다. 하지만 오히려 그때를 인생의 골든타임이라고 생각하며, 자신들의 재능을 발견하는 일에 에너지를 쏟아붓고 꿈을 키울 수 있었다.

미국 명문 10개 대학에 동시 합격한 한국 소녀

하버드대학교, 스탠퍼드대학교, UC버클리대학교, 프린스턴대학교, 이들은 모두 미국에 있으면서 세계적으로 유명한 대학들이다. 이런 대학교를 한 곳도 아니고 무려 열 군데나 동시에 합격한 한국인 소녀가 나타나 화제였던 때가 있었다. 민족사관고등학교를 단 2년 만에, 그것도 수석으로 조기 졸업한 박원희 양은 당시(2003) 17살밖에 되지 않았다. 이 학생은 2003년 12월 하버드, 프린스턴, 스탠퍼드 등 미국의 명문 11개 대학에 지원했는데, 심의가 진행 중인 한 개의 대학을 제외한 10개 대학에서 합격 통지서를 받았다. 특히

UC버클리에서는 대학교에 재학하는 4년 동안 장학금을 대주겠다는 제의까지 들어왔다.

박원희 양은 미국 대학의 교양과정을 미리 고등학교에서 이수하는 11개 AP(대학 학점 사전 취득제) 과목에서 모두 5.0 만점을 받았다. 그리고 미국 대학 진학을 위해 거쳐야 하는 대학진학능력 기초 시험인 SAT(Ⅰ)은 1,600점 만점에 1,560점을 받았고, 6개의 SAT(Ⅱ) 과목에서도 거의 만점에 가까운 점수를 받았다. 평소에 예체능 분야에서도 활발히 활동하여 전국 영어연극대회 최우수상을 받기도 했다. 불치병 치료제나 신약을 개발해서 인류의 평화에 기여하는 사람이 되고 싶고, 아직 우리나라에는 한 명도 없는 노벨 과학상을 받는 것이 목표라는 17살의 소녀. 정말 자기가 하고 싶은 일이라면 불가능은 없다는 것을 직접 보여준 사례가 아닐 수 없다.

그런데 중학교 시절 그녀는 수학을 못하는 아이였다. 수학이 다른 과목보다 취약하여 엄마 손에 이끌려 수학경시학원에 가게 되었는데, 첫날 본 시험에서 38점을 맞으며 반에서 꼴찌를 했다. 학원 선생님으로부터 수학을 못한다는 면박을 받았고, 엄마로부터는 힘들면 그 학원을 포기하자는 소리도 들었다. 하지만 그녀는 자신이 그쯤에서 그만두면 수학이라는 벽을 영원히 넘지 못할 것 같았다고 한다. 그때부터 수학에 매달렸다.

수학 공부는 그날의 할 일 1순위였다. 중학교 1학년생이 새벽 3시를 넘기기 일쑤였고, 부모님은 걱정스러운 나머지 "제발 그만 자

채찍질하는 부모
방향 없이 달리는 아이

라."라며 성화를 할 정도였다. 하지만 그녀는 물러서지 않았다. 수학이라는 과목은 무조건 문제를 많이 풀어본 사람이 유리하다는 것을 알게 되었고 문제가 아무리 어려워도 답이나 풀이 과정을 보지 않고 끝까지 혼자서 풀어냈다. 도저히 해결되지 않는 문제는 체크하였다가 선생님에게 달려가 묻고 또 물었다. 이렇게 1년간 수학에 매달린 결과 그녀는 대전시 과학교육원이 주최한 수학경시대회에서 중학교 2학년생으로는 유일하게 상을 받았다. 이후 그녀는 수학에 대한 두려움을 없애고 펄펄 나는 수학 도사가 되었다.

그녀가 민사고에 진학했을 때 또 한 번 공부의 벽에 부딪혔다. 바로 영어. 영어를 일찍 배우기 시작했고, 중학교 때까지만 해도 자신이 영어를 잘한다고 생각했지만, 고등학교에서 이 환상은 하루아침에 깨졌다. 유학을 다녀오거나 외국에서 살다 온 학생들이 많은 그 학교에서 단기 언어연수 한 번 다녀오지 않은 그녀는 빨리 달리는 토끼들 사이의 느림보 거북이에 지나지 않았다. 곧 그녀는 '민사고의 꼴찌 3인방'이 되었다.

숙제로 내주는 영어 원서를 다른 아이들은 이틀 만에 읽는데, 그녀는 꼬박 2주일이 걸렸다. 영어를 정복하기 위한 '영어 읽기 프로젝트'가 실행되었다. 즉 일정 시간을 정해두고 하루 두 시간은 무조건 영어 읽기에 투자한 것이다. 다음날 시험이 있든, 숙제가 아직 끝나지 않았든, 매일 밤 10시부터 자정까지는 무조건 영어책 읽기에 시간을 할애했다. 그 결과 한 시간에 10페이지 정도 겨우 읽던 그녀는 3개월 후에는 15페이지, 6개월 후에는 20페이지를 읽을 수 있었고, 이렇게 속도가 붙기 시작한 영어 읽기는 그 프로젝트가 끝난 후에도 계속 발전해서 2학년 1학기가 끝날 무렵에는 문장이 복잡하고 난해한 찰스 디킨스의 소설을 한 시간에 30페이지 정도 읽어나갔으며 나중에는 40페이지로 늘어날 정도로 실력이 향상되었다.

그녀가 민사고에서 가장 어려움을 겪었던 과목은 '유럽사'였다. 국어와 국사를 제외한 전 과목 수업이 영어로 진행되다 보니 독일인 선생님이 맡은 유럽사는 심도 있는 분석과 역사 이해를 요구하는 것이라서 따라잡기 어려웠다. 마침내 그 선생님은 원희 양에게 자신의 수업을 계속 듣는 것이 무리라는 진단을 내렸고, 유학반에 있는 것이 적당하지 않다고 충고했다. 이에 그녀는 오히려 그 선생님이 진행하는 수업은 모조리 수강하여 오기에 찬 도전을 감행했다. 고등학교 마칠 무렵에는 마침내 높은 점수를 받으며 실력을 인정받기에 이르렀다. 그 독일인 선생님은 나중에 그녀의 미국 대학 입학 원서에 필요한 추천서를 써주었다.

학창 시절 그녀의 별명은 '왕따, 미××, 악바리, 토종' 등이었다. 별명만 들어보아도 온갖 수난을 겪으며 공부한 것을 알 수 있다. 그녀가 왕따의 괴롭힘을 이겨낼 수 있었던 것은 자신의 위치보다 더 높은 목표를 가지고 있었기에 가능했다. 8공주에게 시달리며 괴로워하는 시간이 자신의 목표에 걸림돌이 된다는 것을 알아차린 후 중학교 입학식 때 전교생 앞에 서서 선서를 하던 친구의 모습을 보며 자신도 저 자리에 서보고 싶다던 목표를 향해 최선을 다해 공부에 집중했다. 그녀가 친구들로부터 '악바리'로 불렸던 것은 장애물 사이로 축구공을 몰고 반환점을 다녀오는 체육 시험을 준비하는 과정에서였다. 이 시험을 위해 며칠 동안 밤마다 축구공을 몰고 다니며 연습한 것이다. 그녀를 이끈 것은 '전교 1등을 한 번도 놓치지 않겠다.'라는 자신과의 약속이었다.

그녀가 계속 전교 1등을 하자 친구들이 공부에 관해서 궁금해하였다. 많은 친구가 자신의 공부 비법에 관심이 많았다. 그녀는 마음속으로 '어떻게 공부에 비법이 있을 수 있겠는가? 농부가 씨를 뿌리고 밭을 일구듯이 그저 정직하고 우직하게 해야 하는 것이 공부인데….'라고 생각했다. 그녀는 공부를 잘하고 싶어 하는 학생들에게 "공부에 왕도(王道)는 없지만, 정도(正道)는 있다."라고 말한다. 그녀가 전하는 공부법 10가지를 소개하면 다음과 같다.

> 노트 정리의 제왕이 돼라.
> 복습은 빨리할수록 좋다.
> 시간 경영의 선수가 돼라.
> 공부가 안될 때 분위기를 전환하라.
> 눈에 잘 들어오는 쪽지를 활용하라.
> 목표는 항상 높게 잡아라.
> 수학, 끈기 앞에 장사 없다.
> 공부의 기초는 '공부하고자 하는 의지'이다.
> 생활 속에서 학습을 우선순위에 두어라.
> 교과서도 만화책만큼 재미있다.

그녀는 동시에 합격한 10개 대학 중 하버드대학교 경제학과를 선택했다. 하버드대학교에서 석사과정을 마치고 스탠퍼드대학교에서 박사학위를 받고, 현재는 '페이스북'에서 일하고 있다. 주변으로부터 "당신은 혹시 천재인가요?"라는 질문을 받을 때면, "천재가 아니라서 힘들게 공부했다."라고 말한다. 비록 어린 나이지만 누구보다 치열하게 공부했음을 자부한다. 자신이 진짜 천재였다면 그렇게 힘들게 공부하지도 않았을 것이고, 이러한 결과도 얻을 수 없었을 것이라고 말한다. 박원희 양 역시도 애당초 공부를 잘하는 천재는 아니었지만, 나름 인생의 목표를 세우고 자칫 힘들어서 포기해버리고 싶은 힘들었던 10대 시절인 인생의 골든타임을 목숨 걸고 오기와 열정으로 잘 이겨냈다. 그러면서 자신의 꿈을 이루어 갔던 용기 있는 아이였다.

뇌의 골든타임

학교에서 아이들을 가르칠 때 정말 외면하고 싶은 아이들이 있다. 거침없이 자기주장을 하고, 사소한 자극에도 쉽게 짜증을 내거나 분노하고, 별것 아닌 일에도 과도하게 반응하고, 수업 시간에 수업을 방해하는 것은 물론이고 잘못된 행동을 지적해도 도무지 들어먹지를 않는 아이들. 속된 말로 괴물처럼 변해가는 아이들을 교사들은 정말 외면하고 싶다. '사춘기여서 그러겠지.' 하고 이해하고 넘어가려 해도 도무지 이해할 수 없는 아이들, 부모에게도 감당할 수 없는 시련을 주는 아이들, 자타가 인정할 만큼 청소년들은 어려운 것 같다.

과격하고,

위험한 행동에 망설임이 없고,

허세 부리기를 좋아하고,

변덕이 심하고,

과민하게 흥분하는 반응을 보이고,

별스럽고,

유난스럽고,

반항적이고,

감정의 기복이 심하고,

화를 잘 내고,

충동적이고,

잘 집중하지 못하고,

시작한 일을 끝까지 마무리하지 못한다.

어른들과도 관계를 잘 맺지 못하고,

약물이나 알코올의 유혹에 쉽게 빠지고,

위험한 행동에 쉽게 끌려 들어가기도 한다.

사고를 저질러 놓고 수습할 생각조차 못 하고,

매일 아침 잠과의 전쟁을 벌여야 하고,

해야 할 일을 제쳐두고 스마트폰에 푹 빠져 있는 아이,

얘가 정말 내 아이가 맞나?

얘가 도대체 무슨 생각으로 이러는 거지?

내가 애를 어떻게 키운 거지?

도대체 왜 그럴까? 물론 청소년 시기에 예측하기 어려운 상황이 벌어지는 것은 일차적으로 성호르몬 분비로 인한 급격한 신체 변화와 성적인 변화 때문이라고들 한다. 하지만 이것이 다가 아니다. 청소년기의 뇌는 발달 과정에서 아주 특별한 지점에 있다. 전문가들은 이를 두고 '뇌의 골든타임'이라고 진단한다.

기존 과학자들은 청소년기의 뇌를 어른의 뇌와 똑같은 것으로 보고 어른처럼 아이들도 이성적인 판단이 가능한 것으로 보았다. 그리고 청소년의 사춘기는 성호르몬의 변화와 깊은 관련이 있는 것으로 보는 것이 정설이었다. 그러나 뇌 과학자들은, 사춘기의 충동적이고 비이성적인 행동이 성호르몬의 변화와 관련 없는 것은 아니지만, 그보다 뇌 발달의 취약성 때문에 일어나는 것으로 보고 있다. 뇌가 발달하는 과정에서 일어나는 일련의 변화 때문에 반항적이고 감정을 조절하지 못하는 것이라고 얘기한다.

청소년들이 반항과 일탈을 서슴지 않으며, 감정적인 동요가 심한 이유를 미국 플로리다 주립대학 신경과학과 프라딥 바이드 교수가 분석했다. 그는 질풍노도 시기의 청소년들의 행동이 신경 생물학적 근거가 있다는 점에 착안해, 청소년들의 뇌가 작동하는 메커니즘을 분석했다. 그 결과, 청소년들은 위협적인 일이 닥쳤을 때 감정을 통제하는 뇌 부위가 활발하게 활동하는 것을 발견했다. 위협에 반응하는 뇌 부위가 다른 시기의 사람과는 다른 반응을 보인 것이다.

또한 청소년기에는 잘못된 행동을 하고도 처벌에 크게 동요하지 않는 모습을 발견할 수 있다. 이것도 위험한 상황에 닥쳤을 때, 두려움을 느끼는 뇌 부위가 덜 활성화되는 양상을 띠기 때문이다. 바이드 교수는 청소년기의 일탈이나 반항에 신경 생물학적 근거가 있기는 하지만, 스트레스나 호르몬 변화, 사회적 환경 등에 의해서도 청소년들의 행동이 달라질 수 있다고 말했다.

미완의 뇌

뇌 과학적으로 볼 때 전문가들은 10대의 뇌는 성장의 가능성이 아주 큰 시기라고 보는데, 뇌의 구조가 바뀌고 심리적인 역동이 강하며 모든 면에서 그만큼 가능성이 커지는 시기라고 한다. 청소년기에 아이들이 감당하기 버거울 만큼 반항적이고 감정을 조절하지 못하는 이유는 '미완의 뇌' 때문이라고 한다.

펜실베이니아대학교 의과대학 신경학과 교수인 프랜시스 젠슨(Frances Jensen)이 신생아에서 성인에 이르기까지 인간의 뇌 발달을 연구하고, 뇌 과학의 이해와 신경학의 임상 경험을 기반으로 쓴 10대의 뇌에 관한 바이블 ≪10대의 뇌≫(웅진지식하우스)를 썼는데, 오랫동안 과학자들은 청소년의 뇌가 성인의 뇌와 다르지 않다고 믿었지만 신경학과 신경과학에서는 10대가 뇌 성장에 대단히 중요한 시기이며 이때 결정적인 변화가 일어난다는 사실을 지난 10년 동안의 연구를 통해 밝혀냈다. 인간의 뇌가 어떤 발달 과정을 거치는지, 10대가 된다는 것이 뇌 과학적으로 어떤 의미인지, 10대가 반항하고, 좌절과 고민에 휩싸일 때 그들의 뇌에서 무슨 일이 벌어지는지, 그리고 그들은 왜 그런 행동을 할 수밖에 없는지를 학습, 수면, 흡연, 음주, 스트레스, 스마트폰, 성별 등의 이슈들을 중심으로 소개하고 있다.

청소년기의 뇌는 기능, 뇌신경의 배선, 능력, 모든 면에서 어른의 뇌와 다르다는 사실만 알아도 부모는 10대 아이들의 행동에 당황하거나 낙담하거나 화를 내지 않을 수 있다. 아이가 머리를 노란색으로 염색하고 싶어 할 때 무작정 반대할 것이 아니라 학기 중에는 안 되겠지만 방학기간이라면 염색하도록 허락해주는 것도 괜찮겠다. 반대하면서 아이와 실랑이를 벌이게 되면 아이가 반항하고 더욱 심각한 문제로 빠져들기 때문에 해로울 것이 없다면 염색을 하도록 내버려 두는 것이 좋다. 아이들은 새로운 것을 실험해보고 싶고, 새로운 것에 도전해보고 싶기 때문에 그런 실험과 도전에 부작용 없이 무사히 치를 수 있도록 도와주어 보자. 왜냐하면 그런 과정을 통해서 아이의 장점이 무엇인지, 약점이 무엇인지를 테스트해볼 수 있는 좋은 시기이기 때문이다.

청소년의 뇌 회로는 80%밖에 성숙되지 않은 상태이며 나머지 20%의 뇌는 배선이 엉성한 상태로 그대로 남아있으며 20%의 엉성한 부분 때문에 청소년기에 이해하기 어려운 행동들이 나타난다고 한다. 특별히 청소년기에는 뇌의 영역 중에서 '전두엽'이 가장 왕성하게 발달하는 시기라고 본다. 그러나 문제는 청소년기에 전두엽이 왕성하게 발달은 하지만 완성은 되지 않는다는 것이다. 10대 후반에 뇌의 가지치기가 시작되어 25~30세가 되어서야 완성이 된다고 스위스의 피아제(Piajet)는 말한다. 전두엽은 인간의 사고와 행동을 최종적으로 명령하는 곳으로, 특히 전두엽 맨 앞에 위치한 '전전두엽'은 인간을 인간답게 만드는 핵심적인 일을 담당한다. 즉 전두엽은 다른 동물과 인간을 구분 짓게 하는 인간을 '만물의 영장'이라고 불리게 하는 고차원적인 기능을 담당하는 뇌의 영역이라고 할 수 있다.

편도체와 전두엽

뇌의 구조는 전두엽, 후두엽, 측두엽, 두정엽으로 구분된다. 앞머리에 있는 전두엽은 가장 큰 대뇌엽으로 변연계와 밀접하게 연결되어 있다. 전두엽은 어떤 상황이 위험한지 아닌지를 결정하고, 계획을 세우거나, 결심을 하는 등 목표 지향적인 행위를 주관한다. 만일 전두엽이 손상을 받거나 망가지게 되면 계획을 세우는 일, 복잡한 행동을 하거나 아이디어를 구상하는 일 등이 불가능해진다. 그뿐만 아니라 새로운 환경에 적응하지 못하고, 자극에 예민해지게 된다. 또한 언어나 의식 상태는 지장을 받지 않더라도 적응하고 계획을 세우는 일이 힘들어진다.

후두엽은 뇌 뒤쪽에 있다. 시각 중추가 있어서 시각 피질이라고도 한다. 눈으로 들어오는 시각 정보가 시각 피질에 도달하면 모양, 위치, 운동 상태를 분석한다. 시각 피질이 손상되면 나머지 시각 경로에 이상이 없더라도 시각을 상실하게 된다.

측두엽은 여러 가지 중요한 기능을 담당한다. 측두엽에는 청각 피질이라고도 불리는 우표 크기만 한 청각 조절 중추가 있으며, 다른 측두엽 부위에서는 인지 기능과 기억 기능을 조절한다. 이와 같이 여러 기능을 하는 측두엽이 손상되면 환각이나 기억 장애가 나타날 수 있다.

머리 뒤쪽을 향해 내려가는 두정엽은 외부로부터 오는 정보를 조합하는 곳으로 문자를 단어로 조합해 의미가 있는 것으로 만들거나 어떤 것을 생각해 만들어내는 기능을 한다. 따라서 두정엽이 손상되면 무인식증(agnosia) 상태가 되어 공부는 물론 어떤 일도 할 수 없게 된다. 아인슈타인의 뇌는 입체 공간적인 기능을 하는 이 두정엽 부위가 특히 발달해 있었다고 한다.

이렇게 뇌는 영역별로 기능이 다르고, 뇌가 완성되는 시기도 다르다. 이 때문에 청소년기의 아이들은 매우 불균형한 상태에서 자라게 된다. 초등학생일 때는 천사 같던 아이가 중학생이 되고 고등학생이 되면서 괴물로 변하는 것은 바로 뇌가 불균형적으로 발달하면서 일어나는 현상이며, 특히 전두엽이 왕성하게 가지치기를 하면서 발달하며 일어나는 현상으로 이해하면 된다. 이렇게 뇌가 뒤죽박죽인 아이가 어떻게 어른처럼 바른 판단을 할 수 있으며, 어떻게 바른 행동을 하고 감정을 조절하며 충동을 적절하게 조절할 수 있겠는가?

아이들이 청소년기에 반항적이고 충동을 조절하지 못하는 이유는 바로 전두엽은 왕성하게 발달하고 기억과 감정을 담당하는 편도체는 더 갖출 것이 없어서 자신감이 넘치다 못해 극단적으로 활개를 치기 때문이다. 그래서 아이들은 어디로 튈지 모르는 럭비공처럼 되어버리는 것이다. 어른들이 전두엽을 통해 타인의 정서를 객관적이고 이성적으로 해석한다면, 청소년기의 아이들은 편도체를 통해 타인의 정서를 판단한다. 결국 청소년기에는 기쁨, 슬픔, 분노, 공포와 같은 감정을 담당하는 원초적인 감정 기관에서 감정을 처리하기 때문에 돌발적이고 충동적으로 행동한다고 볼 수 있다.

편도체는 감정을 담당하는 영역으로 이곳에 문제가 생기면 많은 문제가 발생한다. 우선 감정을 느끼지 못해 위험한 상황에 처했을 때 이로부터 자신을 보호하지 못한다. 예를 들어 앞에서 자동차가 무서운 속도로 자신에게 돌진할 때, 편도체 이상으로 공포라는 감정을 느끼지 못하면 이를 보고도 피하지 않아 큰 부상을 입거나 죽음에 이를 수 있다. 그뿐만 아니라 편도체에 문제가 생기면 전두엽과 같은 이성 영역이 제대로 작동해도 무엇이 옳고 그른지 판단하지 못하고 본능적인 행동을 통제하지 못한다. 즉 지능에 아무 문제가 없어도 이성적으로 생각하고 판단하고 행동하지 못하는 것이다. 뇌는 영역마다 하는 일이 다르지만 서로 긴밀하게 연결되어 상호작용을 하기 때문이다. 따라서 어느 한쪽이 제 역할을 하지 못하면 다른 쪽도 제대로 작동하지 못한다. 이성적인 일을 하는 뇌의 영역이 아무 이상이 없어도 상황에 맞는 생각과 행동을 하지 못하고 자신에게 유익하지 않고 위험한 비정상적인 행동을 서슴없이 행하는 것이다.

특히 편도체가 활성화하는 과정에서 타인의 감정을 잘못 이해하고 해석하는 경우가 많은데, 이런 편도체의 잘못을 바로잡아주는 곳이 전두엽이다. 전두엽은 편도체가 잘못 이해한 감정을 객관적이고 이성적으로 해석하여 적절하게 표출되도록 통제하는데, 청소년기의 아이들은 전두엽이 미완의 상태이다. 그렇기에 감정을 객관적이고 이성적으로 해석하는 것이 부족하고, 충동적이고 과격하며 반항적인 행동을 보인다는 것이다.

청소년기는 사춘기, 과도기, 어른의 삶으로 들어가기 위해 마지막으로 준비하는 시기이면서 동시에 부모로부터 서서히 독립하여 홀로서기를 시작하는 시기이다. 또 자아 정체성을 확립하는 시기이면서 성숙한 사람으로의 틀이 형성되는 시기이기도 하다. 그렇기에 뇌가 활성화되는 이 골든타임을 무심코 흘려보내서는 결코 안 된다. 이 시기에 긍정적인 생각과 경험, 적절한 교육이 이루어지면 아이는 신체적으로나 정신적으로 건강한 어른의 모습으로 조화롭게 자랄 수 있다.

그러므로 부모는 좋은 대학에 보내기 위해서 아이의 성적을 올리는 데에만 관심을 쏟을 것이 아니라, 아이의 가능성이 닫히지 않도록 아이 스스로 결정하고 선택할 수 있도록 기다려주어야 한다. 자신이 선택하고 결정한 것들에 책임감을 가지고 행동하게 하고, 다양한 경험을 통해서 긍정적인 자극을 줄 때, 아이는 성숙한 어른으로 성장할 뿐 아니라 값진 인생을 살아가게 될 것이다.

위기의 아이들

OECD 국가 중 청소년 자살 1위, 자살 증가율 1위, 청소년 행복 지수 3년 연속 꼴찌. 참으로 부끄러운 수치이다. 성적 비관, 가정불화 등을 원인으로 꼽지만, 이렇게 아이들을 죽음으로 내모는 원인 중 하나인 학교폭력은 갈수록 심각해지고 있다. 학교폭력은 학교 내외에서 학생들을 대상으로 발생하는 상해, 폭행, 감금, 협박, 약취, 유인, 명예훼손, 모욕, 강요, 강제적인 심부름 및 성폭력, 따돌림, 사이버 따돌림, 정보 통신망을 이용한 음란이나 폭력 정보 등에 의하여 신체적, 정신적 또는 재산상의 피해를 수반하는 일련의 행위로 정의한다. 즉 일반적으로 학교폭력은 중·고등학교에 재학하거나, 이에 준하는 연령대의 청소년들 사이에서 발생하는 폭력 행위에 대한 포괄적인 개념으로 사용된다.

폭행만이 학교폭력이 아니다. 학교폭력은 언어폭력을 위시하여 신체 폭력, 위협과 협박, 괴롭힘, 사이버 폭력, 금품 갈취, 따돌림, 성폭력, 폭력 서클 가입 유도, 강제적인 심부름 등이 모두 해당한다. 학교폭력은 같은 학교의 선후배와 동급생, 같은 동네의 동년배와 선후배, 학원 등지에서 만나는 동년배나 선후배 등의 사이에서 대수롭지 않게 발생하고, 장난으로 치부되면서 폭력으로 인식되지 못하는 경우도 많다.

한창 이슈가 되었던 교내 왕따, 집단 따돌림과 더불어 학교폭력의 형태도 더욱 다양하고 교묘해졌다. 사이버상에서 스마트폰을 이용한 SNS 카따(카톡이나 카스에서의 집단 따돌림)가 더해졌다. 이러한 학교폭력의 다양한 형태 변화를 사회의 대책과 인식은 따라가지 못하고 있는 것이 현실이다. 특히 따돌림의 문제는 심각한 수준이다.

왕따, 찐따, 은따, 카따는 나름 일맥상통하는 부분이 있기도 하지만, 조금씩 다른 의미를 가지고 있다. 날이 갈수록 여러 단어가 많아지고 새로운 따돌림이 등장하고 있다. '왕따'는 완전히 따돌림을 당한다는 의미로 한 명이 아닌 전체 사람에게 따돌림을 당하는 경우를 말한다. 전체 아이들이 한 아이를 따돌린다는 의미로 왕따라 한다. '찐따'는 원래의 어원은 일제 강점기에 들어온 단어였으며 현재도 사용되는 단어이다. '한심한 행동을 하는 사람', 혹은 '못난이'를 지칭하는 표현으로 사용하고 있다.

왕따와 찐따는 약간 다른 의미이지만, 결국 따돌림을 당하는 행위는 비슷하다고 볼 수 있다. 이 둘은 반에서 전체에게 무시당하는 경향이 짙고, 따돌린다기보다는 오히려 과할 정도의 관심을 받는다고 볼 수 있다. 그 아이들과 같이 다니다가도 자기 자신마저 따돌림을 당할까 봐 거리를 두는 방관자들이 주축을 이룬다. 왕따, 찐따는 셔틀이라는 단어로도 함께 사용된다. 스타크래프트라는 게임에서 운송을 담당하는 비행기 같은 것으로, 이와 같은 단어가 아이들에게 적용되면서 핫스팟 셔틀, 빵 셔틀, 급식 셔틀 등 여러 셔틀이 많이 생겨났다. 힘없는 아이들을 만만하게 보고 소위 일진이라는 아이들이 "맞기 싫으면 돈을 가져와라.", "빵 사 와라." 등 이런저런 이유로 셔틀을 시키는데, 주로 왕따나 찐따라고 불리는 아이들에게 그런 일을 시킨다.

'은따'는 은근히 따돌림을 당한다는 뜻으로 정신적으로 스트레스를 가장 많이 받는 경우라고 할 수 있다. 같이 다니는 무리에서나 반에서 일어나는 경향이 많고, 같이는 다녀주지만 은근히 말로 무시한다거나 자신들만이 아는 이야기를 속닥거리는 경향이 많다. 은따는 같이 다니는 무리 혹은 반에 섞인 듯 보이지만 그와는 상반되게도 은근히 무시하는 경향이 짙다. 그 학생이 선뜻 먼저 꺼낸 말을 무시하고 자기들만의 대화를 하다가, 말을 한 줄 몰랐다는 식으로 일부러 상대방을 무시하는 형태를 띤다.

은따는 정신적 스트레스가 큰 편이며, 아이들과 어울리기 위해 자신에게 관심이 가도록 여러 가지 대화거리를 꺼낸다거나 심하면 돈으로 아이들의 환심을 사는 경향도 보인다. 이는 누가 시키지 않아도 은따 아이가 자신의 의지로 무언가를 해주려 했던 것이기에 돈을 갈취했다고 하기도 어렵다. 은따를 하는 아이들은 나중에 "이것은 당연히 네가 산 거야?"라는 식으로 말하면서 은따 아이를 일명 '지갑'으로 활용하기 때문에, 증거가 없어 대처하기가 힘들다고 한다.

'카따'는 현재 제일 많이 사용되는 카카오톡이라는 메신저에서 파생된 단어이다. 카카오톡 대화에 초대하여 욕을 하거나, 같은 카카오톡 내에서도 무슨 말을 하면 무시하는 경향을 말한다. 카따는

'사이버 불링'이라고도 불리는데, 카톡방에 초대하여 그 아이가 있음에도 욕을 한다거나 아니면 그 아이가 하는 말을 무시하는 행태를 보인다.

어떤 여학생의 이야기이다. 이 여학생도 중학교 때 왕따였다. 자신과 같이 놀아주는 친구가 단 한 명도 없었고, 소풍에 가면 늘 혼자 돌아다녀야만 했다. 어떤 때는 아무 이유 없이 욕을 얻어먹어야 했고, 누군가와 갈등이 생기면 자신이 아무리 옳은 말을 해도 누구도 자신의 편을 들어주지 않았다. 친구들에게 맞기도 하고, 자신이 무언가를 만지면 "썩는다. 만지지 마라."라는 말을 수도 없이 듣기도 했다. 학교를 일주일 동안 결석하기도 하고, 평소에 틈만 나면 아빠에게 죽고 싶다면서 울었다고 한다. 하지만 그때마다 아빠는 "다 너에게 잘못이 있어서 그런 게 아니냐."라며 윽박지르고 다그쳤고, 담임 선생님마저 자신을 괴롭힌 아이들에게는 한마디도 하지 않았다. 결국에는 자살도 여러 번 시도하게 되었다고 한다. 이런 학생이 한두 명이겠는가?

부산 S여중의 여학생 자살 사건 역시 그런 예라고 볼 수 있다. 그 여학생은 화가가 꿈이었고 그림을 아주 잘 그리는 촉망받는 아이였다. 갈등이 시작된 것은 교내 그림 그리기 대회에서 그 여학생이 입상하고 난 뒤부터였다. 입상하지 못한 한 여학생이 자기의 그림을 보고 베꼈다면서 시비를 걸었다. 험담과 욕설로 괴롭혔고, 심지어 함께 밥을 먹던 친구마저 의도적으로 데려가 버려 속상해서 굶고 다닌 적도 많았다고 한다.

피해 여학생 입장에서 그림은 그의 자존심이었는데, 그 자존심에 큰 상처를 입힌 것도 모자라 가해 학생은 끈질기게 "걔와 같이 놀면 가만 안 둔다."라며 다른 친구들을 그 여학생과 멀어지게 하였고, 그에 동조한 친구들은 카톡이나 카스를 통해 "○○○ 카스로 고고~!", "○○ 미워해.", "존나 실타.", "찐득이.", "마, ○○○ 꼭꼭 숨어라 머리카락 보일라.", "죽었니, 살았니." 등의 글을 올리며 끊임없이 피해 학생을 괴롭혔다. 이 문자를 보고 혼자 울고 있었을 그 사춘기 여학생은 차라리 실컷 두들겨 맞는 게 더 낫겠다고 생각하며 절망했다. 견디다 못한 아이는 신학기 첫날 설날에 받았던 세뱃돈과 함께 "또다시 외톨이가 될까 봐."라는 유서를 남기고 5월의 꽃잎 같은 여린 몸을 허공에 던지고 말았다.

이 사건은 부산중부경찰서 내사에서도 학교폭력이었다고 종결하였지만, 그냥 아이들끼리 흔히 있는 일로 치부해버렸다. 반성의 기미도 없는 가해 학생들에게 교내 봉사활동을 조치한 것이 전부였다. 비행 청소년이 발생하는 원인의 99%는 부모에게 있다고 해도 결코 틀리지 않다. 부모가 따뜻하게 끌어안고 진심 어린 사랑으로 아이를 길렀다면 그 아이는 절대 곁길로 가지 않는다. 가정이 무너지면 아이는 부모의 사랑을 받지 못하고, 사랑에 목말라한다. 그 외로움과 공허함을 이런 일탈 행위로 표현하는 경우도 많다.

요즘 매스컴에 종종 등장하는 10대들을 보면서 가슴 한 켠이 저미는 것을 가끔 느낀다. 학교에서 이루어지는 왕따 문제, 학교폭력 문제가 발생할 때마다 너무나도 가슴이 아프다. 일부 청소년들의 행태이기는 하지만, 도덕적 윤리의식이 위험수위를 넘어섰다는 것을 단적으로 보여주고 있다. 아이들을 가르치는 교육자로서 이런 이야기를 들을 때마다 가슴이 답답해진다. 성인 뺨치는 청소년들의 범죄는 갈수록 더 심각해지고 있다. 수천만 원을 훔치고, 차량을 절도하고, 무면허 운전을 한다. 10대 청소년의 5대 강력 범죄(살인, 강도, 성범죄, 절도, 폭력) 발생 건수는 한 해 평균 1,500여 건에 이른다고 한다. 갈수록 청소년들의 범죄는 잔인성을 띠고, 더 '흉포화'되고 더 '지능화'되고 있다.

일전에 어느 고등학교 1학년 남학생 세 명이 친구 한 명을 폭행하고 급기야는 물에 빠져 죽게 한 끔찍한 사건이 있었다. 피해자인 그 학생이 무엇을 잘못했는지는 모르지만, 그들은 수영을 못하는 그를 보트에 태워 저수지 한가운데로 끌고 가서 물속에 빠뜨렸다는 것이다. 더욱 끔찍한 것은 이 학생이 바둥거리며 보트를 잡고 물에서 나오려고 하니까 담뱃불로 손등을 지져 보트로 올라오지 못하게 하고, 결국 물속에서 죽게 했다는 것이다. 이런 비인간적인 죄를 저지르고도 그들은 태연하게 거기에서 물놀이를 했다.

학교폭력 근절을 위해 학교에서 많은 노력을 하고 있음에도 불구하고, 계속해서 학교폭력은 일어나고 있다. 자신의 아이가 가해 학생이 되리라고 전혀 생각지 못했던 부모는 피해 학생의 잘못으로 돌리고, "내 아이는 착한 아이인데, 나쁜 친구를 만나서 망가졌다."라고 말한다. 대체로 그런 부모는 진심으로 잘못을 뉘우치지 못하고 피해 학생과 그 부모에게 사과하지도 않는다. 그런 부모는 "재

수 없게 똥 밟았다."라고 가볍게 생각하면서 자신의 아이가 저지른 잘못을 고치기보다는 "피해 학생 부모가 많은 보상금을 요구하는 게 불합리하다."라고 말하며 아이를 감싸고 피해 학생과 그 부모를 기회주의자로 몰아붙이기도 한다.

그렇다면 학교폭력, 누구의 문제일까? 몇 년 전 모 방송에서 학교폭력의 실상을 적나라하게 드러낸 <학교의 눈물>이라는 프로그램을 방송하였다. 그걸 보면서 나는 교육자로서 천근만근 무거운 돌덩이를 지고 있는 것처럼 마음이 무거웠다. 더 맞는 것이 두려워서 오히려 가해 학생이 되는 아이들, 학교폭력이라는 잔인한 게임에서 자살을 생각할 만큼 깊은 상처를 입은 아이들이 법정에 서는 경우 가해 학생이나 피해 학생이나 어느 누구도 승자가 될 수 없다는 것을 우리 부모들은 알아야 한다. 그렇다면 왜 아이들은 부모도 모르는 사이에 일진이 되고 피해자가 될까?

<학교의 눈물>에서 '호통 판사', 자나 깨나 소년 생각뿐이라 '만사소년'(萬事少年)이라는 별명을 얻으며 심각한 청소년 문제의 민낯을 가감 없이 보여준 천종호 판사의 소년부 법정 이야기를 한번 보자.

> 판사 : 너희들 보니까 일진이네. 부모님, 어떻게 생각하십니까?
> 부모 : 제가 볼 때 우리 아이는 일진과는 전혀 관계없는 거로 보고 있거든요.
> 판사 : 솔직히 이야기해봐, 아버님한테, 네가 일진인지 아닌지.
> 아이 : 일진 아닙니다.

판사 : 그럼 왜 피해자들이 그렇게 순순히 너희에게 돈을 주나?

아이 : 아니 차이가 좀 나니깐 무서워했던 점도 있었어요.

판사 : 일진입니까? 아닙니까?

부모 : 아닙니다.

　　　 절대 그런 쪽으로 빠질 애가 아니거든요.

판사 : 빠진 애가 아니고요. 이 아이들이 그렇게 논다니까요.

　　　 자기들끼리 무리 지은 게 일진 아닙니까?

　　　 그걸 모르면 아이 교육 방침을 어떻게 세울 거예요?

부모 : 제일 첫째가 인성 교육이겠죠.

판사 : 그게 틀린 거예요.

　　　 집단 따돌림 같은 경우에나 인성 교육을 하지요.

　　　 일진 아이들은 그렇게 교육시키는 게 아닙니다.

　　　 지금 만나는 친구들을 못 만나게 해야 돼요.

　　　 부모님 앞에선 착한 아이죠?

　　　 하지만 저 아이들이 무리를 지으면 두려움이 되는 겁니다.

　　　 그게 바로 일진입니다.

　얼마 전 김해 여고생 생매장 사건에 10대 청소년이 관여되어 있었다. 청소년들의 범죄 수준은 경악을 금치 못할 정도로 성인 범죄 못지않은 잔인성을 띠고 있다. 이런 현실 앞에서 학교란 무엇인가를 생각해본다.

　　• 아이들이 숨을 쉴 수 있는 곳
　　• 미래를 설계하는 곳
　　• 꿈을 꾸게 하고, 꿈을 찾아주는 곳
　　• 과거 현재 미래의 지식을 경험하게 하는 곳
　　• 인간답게 살아가는 법을 배우는 곳
　　• 제2의 집

　채찍질하는 부모
　　　　 방향 없이 달리는 아이

학교는 본디 이렇게 아이들이 숨을 쉴 수 있고, 자신의 미래를 설계하는 곳이다. 꿈을 꾸게 하고 꿈을 찾아주고, 다양한 지식을 경험하면서 인간답게 살아가는 법을 배우는 제2의 집과 같은 곳이다. 하지만 요즘 우리 아이들이 다니는 학교는 제대로 숨조차 쉴 수 없을 정도로 성적으로 줄을 세우고, 그래서 좋은 성적만 내면 모든 것이 마음대로인 곳으로 변해버렸다. 그렇다면 이런 학교를 누가 만들었는가? 학생들인가? 아니면 학교인가? 학생도 학교도 아니다. 바로 사회가 만들었고, 어른들이 그렇게 만든 것이다. 일단 공부만 잘하면 된다는 식의 잘못된 가치관으로 아이들을 가르친 결과라 해도 틀리지 않는다.

그래서 학교폭력은 가정이 무너진 편부, 편모, 조부, 조모 슬하에서 자란 아이들에게만 나타나는 현상이 아니다. 평범한 가정에서 자란 아이들에게서도 나타나고, 학교에서 실장을 하거나 전교 1등을 하는 학생에게서도 나타나고, 학생회장을 하는 아이들에게서도 일어나는 현상이다. 즉 어른들의 잘못된 문화가 지금 아이들이 다니는 학교에서 그대로 재현되고 있다는 데 문제의 심각성이 있다. 각자의 타고난 재능으로 꿈을 키우고 함께 더불어 살아가며 배려하는 법을 배워야 할 학교에서 획일화된 기준으로 세상을 보는 법을 배운다. 그 기준으로 상대방을 차별하고, 왕따시키고, 폭력을 휘두르고, 서열을 따진다. 세력 다툼을 하고, 경제적인 수준을 따지고, 힘겨루기를 한다. 어른들의 행태가 학교에서도 그대로 나타나고 있는 것이다. 이런 곳에서 아이들이 과연 어떤 꿈을 꿀 수 있을까?

부산지방법원의 천종호 부장판사는 하루 평균 100여 건의 판결을 내린다. 6시간 동안 100여 건의 사건을 해결하다 보니 한 아이에게 주어진 시간이 겨우 4~5분밖에 되지 않는다. 그에 따르면 시간이 충분하다면 아이들의 속마음도 들어보고 함께 해결책도 찾아보고 싶은데, 그렇게 할 수 없는 상황에서 짧은 시간에 아이들을 변화시켜야 하니 나름의 방법인 '호통'을 사용하고 있다. 그래서 붙여진 별명이 '호통 판사'이다. 부모도 교사도 무서울 것 없는 아이들조차 법정에서만큼은 달라질 수밖에 없기에, 그 짧은 시간에 아이의 마음을 바꾸기 위해 판사가 할 수 있는 최선의 방법으로 찾은 것이 바로 호통이었다.

소년부 법정에서 벌어지고 있는 한 단면을 ≪아니야, 우리가 미안하다≫^(우리학교)에서 소개한다. 판사는 가해 학생의 아버지가 피해 학생과 부모에게 직접 쓴 사과의 편지를 법정에서 낭독하게 했다. 가해 학생의 아버지는 눈물을 흘리면서 편지를 읽어나갔다.

○○ 부모님께!
고개를 숙여 용서를 빕니다.
죄인이 무슨 말이 필요하겠습니까?
잘못했습니다.
한참 민감한 시기에 너무나 큰 상처를 준 것 같아 자식을 키우는 부모 입장으로서 어찌할 바를 모르겠습니다.
'제 자식이 그렇게 된다면...' 하고 생각해보면 끔찍합니다.
부모 된 입장은 동일할 것이라 생각됩니다.

채찍질하는 부모
방향 없이 달리는 아이

이 일을 ○○도 빨리 잊어버리고, 건강을 되찾아 다시 친구들과 잘 어울리고,

부모님도 예전의 모습으로 생활했으면 하는 마음 간절합니다.

아빠로서 무한한 책임을 통감합니다.

다시 한번 용서를 빕니다.

편지 낭독이 끝난 뒤에 판사는 가해 학생들에게 이렇게 말했다.

"애들아, 거기에 꿇어앉아서 지금 이 자리에 오지 못한 친구가 들을 수 있도록 "○○야, 우리가 잘못했다. 용서해라."를 열 번씩 외쳐라."

그러자 가해 학생들뿐만 아니라 그들의 부모들도 모두 바닥에 꿇어앉았다. 그리고 다 함께 외치기 시작했다.

"○○야, 우리가 잘못했다. 용서해라."

열 번의 외침이 끝나자 여기저기서 흐느끼는 소리가 들렸다. 판사는 다시 가해 학생들에게 말했다.

"이번에는 "○○ 어머님, 감사합니다."를 열 번씩 외쳐라."

가해 학생들과 그 부모들은 또다시 하나가 되어 외쳤다.

"○○ 어머님, 감사합니다."

천종호 판사는 심리 결과 피해 학생에 대한 소년들의 비행이 전체적으로 볼 때 크고 무거웠지만, 가담 정도가 아주 경미한 소년들도 있는 점을 고려하여 이들 모두 상담을 통해 감호를 받는다는 조건으로 보호처분을 하지 않는 결정을 내렸다.

이 사건에서의 학교폭력은 지속적인 것이 아니라 지극히 우발적으로 발생한 것이었고, 집단이기는 하였지만 조직적인 것이 아니었

으며, 폭력도 단 일 회에 그쳤기 때문에 전형적인 학교폭력이라고 보기가 어려웠다. 또 아이들 모두가 각자 자신의 부모와 함께 장기 간에 걸쳐 상담을 받으면서 진심으로 잘못을 뉘우쳤고, 피해 학생 과 그 가족으로부터 용서도 받았다고 천종호 판사는 밝혔다.

그러나 이보다 더 중요한 이유는 따로 있었다. 피해자에게 깊이 사죄해 용서를 받고 이로 인해 재판에서도 선처를 받으면, 가해자 는 피해자와 그 가족들에게 큰 고마움을 느끼는 동시에 더욱더 죄 스러운 마음을 갖게 된다. 그렇게 되면 다시는 피해자를 괴롭히려 는 마음이 생기지 않게 된다는 것이었다.

어떻게 하면 학교폭력을 막을 수 있는가?

사람은 누구나 공격성을 가지고 있다. 아이라고 다르지 않다. 성 장기 아이들이 공격적인 행동을 보이는 것은 자연스러운 발달 과정 이지만, 정상적인 아이는 공격성을 상대방이 허용하는 범위 내에서 발산한다. 반면에 공격성을 조절하기 어려운 아이들은 친구들을 심 하게 놀리고 괴롭힌다. 만약에 그런 일로 피해를 받아 아이가 힘들 어한다면, 부모가 나서서 도와주어야 한다. 아이가 아직 위기대처 능력이 부족하다는 이유도 있지만, 피해를 준 아이에게도 적절한 지도가 필요하기 때문이다.

이때 부모가 제일 먼저 해야 할 일은 담임 선생님에게 그러한 사

채찍질하는 부모
방향 없이 달리는 아이

실을 알리는 것이다. 저학년 아이들은 대개 선생님의 이야기를 잘 듣기 때문에 저학년 아이들 간에 일어나는 괴롭힘이나 왕따 문제는 선생님의 도움을 받는 것이 효과적이다. 동시에 엄마가 직접 괴롭히는 아이를 만나서 이야기해볼 필요도 있다. 내 아이가 하는 말로는 객관적인 상황 파악이 어렵기 때문이다. 이때 그 아이의 말을 충분히 잘 들은 후에 잘못된 행동을 다그치기보다는, 마치 중요한 일을 부탁하는 것처럼 이야기를 풀어가는 것이 좋다.

"우리 아이가 네가 괴롭혀서 학교에 가기 싫다는데 네가 좀 조심해 주었으면 좋겠어. 아줌마는 너희가 친하게 지냈으면 좋겠는데 그렇게 해줄 수 있겠니?"

만일 이렇게 이야기를 해도 변화의 기미가 보이지 않는다면 약간의 위협도 필요하다.

"네가 계속 우리 아이를 괴롭히면 너희 엄마에게 이야기할 수밖에 없어. 그래도 안 되면 학교 교장 선생님한테 이야기할 거야."

보통 아이들은 이 정도까지 이야기하면 더는 문제 행동을 보이지 않는다. 하지만 이는 정상 범주의 경우이고, 유독 공격성이 강하고 심리적 장애가 있는 아이들은 아무리 말을 해도 행동에 변화가 없다. 이럴 때는 아이에게 이야기했던 것을 실천에 옮겨야 한다. 직접 그 아이의 엄마에게 사실을 이야기하고, 또 교장 선생님을 찾아가서 알려야 한다. 그 이유는 나중에 학교폭력으로 이어질 가능성이 있기 때문이다. 아이의 잘못된 행동을 그대로 내버려 두면 그 아이의 공격성이 그대로 남아있게 되고, 사춘기가 되어서 심각한 학교폭력으로 이어질 수 있다. 따라서 내 아이를 보호하는 차원에서뿐만 아니라, 똑같이 자식을 기르는 부모의 마음으로, 그 아이의 앞날을 위해서라도 더 적극적으로 대처할 필요가 있다.

미국만 보더라도 친구 간의 괴롭힘이나 왕따 문제에 대해서는 학교 차원에서 더욱 적극적으로 대처하고 있다. 교장 선생님이 직접 나서서 괴롭히는 학생뿐 아니라 그 부모까지 불러 교육한다. 그런데 우리나라는 이런 문제가 생기면 부모가 먼저 쉬쉬하면서 그냥 넘기려는 경향이 있다. 이렇게 해서는 괴롭히는 아이도 바로잡을 수 없고 괴롭힘을 당하는 내 아이도 보호할 수 없다. 그런데도 부모가 이런 문제를 조심스러워하는 이유는 문제가 더 커져 내 아이에게 피해가 갈까 두려워서이다.

하지만 아이가 학교에 들어간 이상, 다른 아이가 잘되어야 비로소 내 아이도 잘 큰다는 마음가짐이 필요하다. 괴롭힘이나 왕따 문제는 아이 스스로 해결할 수 없는 문제이기 때문에 선생님이나 부모가 적극적으로 나서서 괴롭힘이 왕따가 되고, 왕따가 학교폭력으로, 비행으로 발전하는 것을 막아야 한다. 괴롭힘이나 왕따를 당하는 아이들을 잘 살펴보면 대부분 사회성이 부족한 아이가 많다. 남을 전혀 의식하지 못하고, 자기 마음대로 행동하거나 늘 혼자 노는 등 다른 아이들과 달라서 아이들의 표적이 되는 경우가 많다. 지능이 떨어지거나 특정 능력이 부족한 아이들도 왕따를 당하는 경우가 많다. 이런 특성은 친구들에게 환영받지 못하는데, 만일 아이가 사회성이 떨어진다면 우선 아이가 가깝게 지낼 짝꿍을 만들 수 있도록 부모가 도와주어야 한다. 이런 아이는 여러 명의 친구를 한꺼번에 사귀는 것이 무척 힘들다. 따라서 처음에는 한두 명의 친구와 가깝게 지내기 시작해서 차차 그 관계를 넓혀가는 것이 좋다.

그리고 아이에게 부모는 인내와 양보, 타협하는 법을 가르쳐야 한다. 자기만 생각하는 이기적인 아이들은 어렸을 때부터 부모의 과잉보호 아래서 자란 경우가 많다. 자기가 하고 싶은 것은 다 하고, 하기 싫은 것은 절대 하지 않으며 자란 아이들은 다른 아이들과 갈등이 생겼을 때 이를 원만히 해결하지 못한다. 그동안 부모의 과잉보호가 지나쳤다면 지금부터라도 해도 되는 일과 해서는 안 되는 일, 하고 싶어도 참아야 하는 일이 있다는 것을 알려주어야 한다. 평소 아이의 행동 패턴도 주의 깊게 살펴야 한다. 자신 없는 표정, 개미만한 목소리 때문에 괴롭힘을 당하는 경우도 많다. 이때는 아이의 자신감을 키워주어야 한다. 동시에 자신을 괴롭히는 아이에게 "싫어. 하지 마."라고 큰소리로 당당하게 말할 수 있도록 가르쳐야 한다.

학교폭력은 갈수록 더 잔인해지고 있고, 아이들은 괴로워하다가 극단적인 선택을 하기도 한다. 가슴 아픈 현실 앞에서 많은 부모가 "저렇게 험악한 학교폭력을 당하지 않으려면 아이를 어떻게 가르쳐야 하느냐?", "가해 학생에게 똑같이 폭력을 행사하라고 하는 것이 험한 세상에서 아이를 지키는 피치 못할 방법이 아니냐?"라고 말하기도 한다. 그러나 어떤 경우에도 아이에게 폭력을 허용해서는 안 된다. 1:1이 아닌 집단 폭력의 경우, 피해자가 잘못 맞섰다가는 더 심각한 폭력에 노출될 수 있고, 운 좋게 그 상황을 벗어났다고 해도 단 한 번의 주먹질 때문에 더 큰 폭력의 피해를 인정받지 못하는 경우가 많다. 싸울 생각이 없다고 단호하게 의사를 표현하거나 신고를 하겠다고 으름장을 놓는 등 위기 상황을 피하는 지혜를 가르치는 것이 가장 좋은 방법이다. 실제로 학교폭력의 가해자 대부분은 신고를 당해 법정에 서는 것을 가장 두려운 일로 생각하기 때문이다.

아이들은 누구나 훌륭한 학생이어서 보고 듣고 배운 것을 그대로 실천한다. 소외당하는 법을 배우면 누군가를 소외시키고, 상처를 받으면 받은 만큼 남에게 상처를 주고, 사랑을 받으면 받은 만큼 사랑을 베풀고, 배려를 배우면 배운 대로 남을 배려한다. 그러면서 아이들은 어른으로 성장해가는 것이다. 더욱이 아이들은 부모와의 관계가 어떠한가에 따라 자신을 통제하고 조절하는 능력이 달라진다. 부모가 먼저 마음을 열고 소통할 때, 아이들은 외로움과 두려움을 이겨내고 더욱 밝고 건강하게 성장한다. 학교폭력으로 얼룩진 현실은 우리 시대의 눈물이며 슬픔이지만, 우리 아이들의 환한 웃음과 건강한 성장을 위해 지금 당장 어떻게 어른 노릇을 해야 하는지 깊이 성찰해야 한다.

학교폭력을 예방하기 위해 가정에서 부모는 가정 교육에 신경을 많이 써야 한다. 관심과 사랑으로 아이들을 세심하게 살피면서, 늘 긍정적인 사고를 할 수 있도록 격려해주고, 욕설이나 비속어를 사용하지 않도록 교육해야 한다. 아이를 힘과 폭력으로 다루지 않는 것도 부모가 반드시 지켜야 할 사항이다. 아이의 잘못된 행동에 대해서는 훈육을 하되, 자녀의 감정을 헤아리면서 잘 공감해주는 것이 중요하다.

부모 스스로가 약자를 배려하는 모습을 보여주며 약한 친구를 놀리는 것은 부끄러운 행동임을 기억할 수 있도록 교육해야 한다. 이렇게 학교폭력을 막기 위해서는 "내 아이는 안 그러겠지.", "내 아이는 아닐 거야."라는 안일한 생각을 버리고 아이를 세심하게 살피면서 부모가 할 수 있는 역할을 다해야 한다. 아이들에게 "공부 열심히 해라.", "책 많이 읽어라." 하고 잔소리하면서 학원 스케줄 짜주는 것만이 부모의 역할이 아니다. 아이를 인내하면서 기다려주고, 살피고, 믿어주고, 남과 함께 더불어 살아가는 법을 가르치면서 끊임없이 격려하고 신뢰하며 공감해줄 때, 아이들은 심리적으로 건강하게 자라게 된다.

학업 중단 위기에 놓인 아이들

아이들이 학창 시절에 학업을 중단한다는 것은 심각한 문제이다. 최근 학업 중단 위기를 겪고 있는 아이들이 점점 늘어나고 있다. 학업 중단 위기의 아이들 문제를 특정 학생 개인의 문제로만 치부할 것이 아니라 우리 사회 전반의 문제로 인식하는 것이 중요하다.

학업 중단은 청소년들이 경험하는 위기 상황 중 대표적인 위기 상황이다. 과거에는 청소년들의 문제를 개인 혹은 가정의 문제로만 보는 경향이 있었다. 하지만 청소년들의 문제는 청소년 자신은 물론 가정과 사회 제반 현상들이 복합적으로 작용해서 발생한다고 보아야 옳을 것이다. 이들이 경험하는 문제를 단순히 개별 청소년들의 문제로 보는 것이 아니라 사회적 문제로 보아야 한다는 의미이다. 청소년들의 학업 중단 위기도 같은 맥락에서 이해해야 한다. 무엇보다 학교에서 아이들의 학업 중단을 예방하려는 노력이 가장 중요하겠다. 선생님들의 적절한 지도가 아이들의 학업 중단 위기를 멈출 수 있는 가장 중요한 방법이기 때문이다.

학업 중단 위기에 놓인 초등학생

학업 중단 위기를 겪었던 한 초등학생의 사례를 보면, 이 아이의 부모는 맞벌이 부부로 휴일도 없이 밤늦게까지 일하곤 했다. 이때 아무도 없는 집에 혼자 있기 싫은 아이는 방과 후나 주말에 친구들과 늦도록 놀러 다니곤 했다. 학교 담임 교사는 이 사실을 아이 엄마에게 알렸지만, 엄마는 담임 교사의 말을 믿지 않았다. 아이의 말

채찍질하는 부모
방향 없이 달리는 아이

만 믿고 우리 아이는 절대 그럴 리가 없다고 생각하면서, 학교와 담임 교사를 불신하게 되었다. 때로는 아이의 일로 의논하기 위해서 연락하는 담임 교사에게 화를 내기까지도 하였단다.

학교에서 이 아이는 본인도 옳지 않은 행동을 하면서도 다른 친구들의 잘못을 용서하지 못하고 화를 냈으며, 사과를 요구하고 싸움을 걸었다. 교사에게 친구의 잘못을 고자질하면서 자신을 변명하기도 했다. 아이의 빈번한 고자질을 담임 교사가 더는 들어주지 않자, 아이는 교사가 공정하지 못하다면서 담임 교사에게 따지고 대들었으며, 집에 가서는 부모에게 학교에서 담임 교사가 자신만 무시한다고 불평을 호소하기도 했다. 아이는 고학년이 되면서 중학교에 있는 문제 아이들과 SNS를 통해 어울리기 시작하였고, 동급생들에게는 무서움의 대상이 되었으며, 학교에서는 몇몇 그런 힘이 센 노는 아이들과만 어울리기 시작했다. 3, 4학년 때까지는 학업 성취가 굉장히 상위권인 아이였는데, 안타깝게도 문제 학생과 어울리고 난 다음부터 학업에 관심이 줄고 성적도 크게 떨어졌다.

부모의 적절한 보살핌과 통제, 지도를 받지 못하고 방치된 채 아이가 곁길로 가는 전형적인 예라고 할 수 있다. 아이들이 건강하고 올곧게 성장하기 위해서는 부모의 적절한 돌봄이 필수적이다. 여기서 적절한 돌봄이란 자녀들을 안전하게 보호하고, 그들의 마음을 이해하며 수용해주고, 학습 활동을 지원하고, 나아가 세상을 살아가는 데 필요한 게 무엇인지를 가르쳐주는 것을 의미한다. 부모의 적절한 돌봄 역할은 특히 자녀들이 어릴 때일수록 더욱더 중요하다.

사례에서 볼 수 있듯이, 이 아이는 부모의 통제와 훈육 없이 가정에서 방치된 채 중학교 형들과 어울리면서 자연스럽게 나쁜 행동을 몸에 익히게 된 것이다. 평소 아이의 엄마는 학교와 선생님에게 부정적인 생각을 많이 가지고 계셨기 때문에 자연스럽게 아이 앞에서 학교나 담임 교사를 비난하였을 것이고, 아이는 그런 엄마의 생각을 자연스레 내면화하면서 또래 아이들의 행동을 자기 입장에서만 판단하고, 엄마처럼 친구들을 비난하고 다투는 행동을 했던 것으로 보인다. 배려가 전혀 없고, 타인을 이해하는 방식도 자기중심적인, 극단적으로 이기적인 아이가 되어버린 것이다. 이로 인해 이 아이는 친구들로부터 거절당하게 되고, 그러면 그럴수록 자신을 외롭게, 그리고 억울하게 만든 친구들에게 적대적인 행동을 보이게 된 것이다.

다른 아이들의 잘못은 잘 보이지만 자신의 잘못된 행동은 쉽게 자각하지 못하고, 부모와의 관계에서는 자신의 의견이 번번이 거절당하거나 무시를 당하면서 다른 사람에게 인정받고자 하는 욕구가 필요 이상으로 과해졌다. 이런 욕구로 인해서 또래 친구들로부터 외면당했다. 보통 이 시기에 가정에서 적절히 인정받고, 스스로에 대해서도 긍정적으로 생각하는 아이들은 비교적 큰 어려움 없이 사춘기의 혼란을 극복한다. 하지만 성장 과정에서 이런 문제를 가지고 있는 아이들은 청소년 시기의 발달적 위기가 주는 불안을 쉽게 극복하지 못하고 일탈하는 경우가 많다.

일명 노는 아이들과 어울리면서 일탈 행동에 빠져들고, 부모의 훈육 부재로 인해서 옳고 그름을 판단하는 능력이 부족해진다. 결국 아이는 충동 억제 능력이 부족하여 곁길로 가게 된다. 당연히 학교에서는 공부에 흥미를 잃어버리고, 학교생활로부터 점점 멀어진다. 또래 아이들과의 갈등으로 인해서 친구 관계도 원만치 않을 것이고, 학교생활이 전혀 즐겁지 않은 학업 중단 위기에 놓이게 된다.

초등학생들의 학업 중단 위기를 줄이기 위해서는 부모의 사랑과 심리적인 지지가 무엇보다도 필수적이다. 담임 교사는 부모에게 좋은 부모 역할이 무엇인지 알려드리고, 부모들이 그런 역할을 실천할 수 있도록 도와드려야 한다. 이는 아이들의 학교 부적응 문제를 해결하는 데 큰 도움이 될 수 있을 것이다. 혹여나 부모가 협조하지 않더라도 담임 교사가 아이를 지지해주고, 부모 된 심정으로, 부모 된 사랑으로 잘 보살피면서 아이가 부모로부터 제공받지 못한 심리적인 안식처를 학교에서라도 가질 수 있게 해주어야 한다.

담임 교사는 잘못된 행동을 하는 아이를 때로는 꾸짖기도 하고, 타이르기도 한다. 하지만 그보다 늘 관심을 가지고 외로워하는 아이의 마음을 알아주고 위로해주는 것이 중요하다. 선생님의 관심과 위로는 아이를 심리적으로 안정시켜 주기 때문이다. 그러면 아이는 선생님을 좋아하게 되고, 좋아하는 선생님의 지도를 받으면 긍정적인 아이로 변할 수 있다. 그러므로 초등학생의 문제 행동은 사랑과 관심을 달라는 다른 형태의 의사 표현 방식이라는 것을 인식할 필요가 있다. 이와 함께 가정에서 부모가 적절한 돌봄을 통해 안전한

울타리가 되어주고, 아이의 마음을 헤아리고 세상을 살아가는 데 필요한 덕목들을 가르치면서 관심과 사랑으로 통제와 훈육을 병행한다면, 아이는 곁길로 가지 않고 세상에 선한 영향력을 끼치는 훌륭한 아이로 성장해갈 것이다.

학업 중단 위기에 놓인 중학생

중학생의 경우에도 가정이 불안한 경우가 많다. 내가 재직하고 있는 학교에도 편부, 편모, 조손 가정의 아이들이 상당수 있는데, 이런 아이들은 부모의 사랑에 늘 목말라 있으며 관심을 받고 싶어 한다. 특히 폭력적인 부모나 지나치게 공부를 강요하는 부모들도 아이의 학교 적응을 어렵게 한다. 최근에는 부모의 이혼이 늘어나면서 생겨난 조손 가정의 아이들이 학업 중단의 위기를 많이 겪고 있다.

한 중학교 아이의 사례를 보면, 이 아이는 초등학교 6학년 때 엄마와 아빠가 이혼했다. 이혼 전에도 엄마 아빠의 갈등이 심했고 그로 인해 다툼이 잦았는데, 결국 이혼을 한 것이다. 이혼 후 아이는 엄마와 함께 지내게 되었고, 엄마와 공부 문제로 자주 다투었다. 성적은 중상 정도를 유지했는데, 엄마와의 갈등이 커지면서 온라인 게임에 빠져들게 되었고 그때부터 성적이 떨어지기 시작했다. 그럴수록 엄마와의 갈등은 더 심해져만 갔는데, 게임을 못 하게 하는 날에는 극도로 폭력적으로 변해 욕설도 하고, 과도를 들고 엄마를 위협하기도 하는 등 심각하게 반항적으로 변했다. 어느 날은 집에서 돈을 훔쳐 수시로 가출을 하고, 가출해서는 주로 피시방에서 시간을 보내다가 집에 들어오면 다시 게임만 했다. 학교에서도 잘 적응하지 못하고 친구들과 갈등을 빚기도 했다. 엄마는 담임 교사와의 지속적인 만남과 상담을 통해 아이에게 다시 관심과 사랑을 주게 되었다. 그러자 아이는 안정감을 되찾고 다시금 학업에 집중하기 시작했다.

중학교에서 학업 중단 위기를 겪는 아이 중에는 이미 초등학교 시절 성장의 위기를 겪어온 아이들이 많고, 고등학교에서 학업 중단 위기에 직면한 아이 대부분은 중학교에서 이미 학교 적응에 많은 어려움을 겪었던 아이일 가능성이 높다. 아이들의 학업 중단 위기를 높이는 것은 개인 특성도 있겠지만, 환경 특성이 더 큰 위험 요인으로 작용한다고 볼 수 있다. 위험 요인으로는 가정의 빈곤, 부모의 갈등, 이혼, 편부, 편모, 조손 가정 등이 있다. 불안정한 가정 환경으로 인해 발생하는 잦은 결석, 태만, 낮은 성적, 게임중독, 또래와의 갈등과 같은 문제 행동 모두가 학업 중단의 위기를 높여주는 위험 요인이라고 할 수 있다.

이런 위험 요인이 많으면 많을수록 아이의 학업 중단 위기 수준은 더 높아져 가게 된다. 그러나 아이의 학업 중단 위기를 높이는 가장 근원적인 위험 요인은 부적절한 부모의 자녀 지도 방식과 태도이다. 위기 상황에 있는 모든 아이가 학업을 중단하지는 않는다. 학업 중단 위기에 놓여있는 아이들에게 특별한 관심과 사랑을 쏟을 수만 있다면, 아이는 학업 중단의 위기에서 얼마든지 벗어날 수 있다. 가정에서는 부모의 사랑, 학교에서는 선생님의 관심과 지도가 함께 어우러지면 아이는 안정적으로 위기를 극복할 수 있다.

부모는 자녀가 안정적으로 성장할 수 있도록 보호하고 세상을 살아가는 데 필요한 덕목을 습득할 수 있도록 적절한 훈육을 제공해야 한다. 위의 사례에서 볼 수 있듯이, 어린 시절 부모와의 갈등으로 인해 적절한 돌봄과 훈육을 받지 못하는 아이는 얼마든지 곁길로 갈 수 있고, 학교에서도 또래와 갈등을 빚을 수 있다. 하지만 부모와 학교 담임 교사의 노력으로 무사히 위기를 극복하고 진학할 수 있다.

학업 중단 위기에 놓인 고등학생

고등학생들이 겪는 학업 중단 위기 중 하나는 진로 문제와 관련이 있다. 고등학생이 되면 자신의 진로가 구체화되면서 미래를 구체적으로 설계하게 된다. 그런데 자신의 진로를 결정하며 어려움을 겪게 될 때 미래에 대한 희망을 잃게 되면서 학업을 중단하는 경우가 많다. 다행스러운 것은 자신의 적성에 맞는 진로를 구체적으로 결정하도록 우리나라 고등학교는 인문계, 특목고, 특성화 고등학교로 분류된 제도적인 장치가 마련되어 있다는 점이다. 대학을 준비하는 아이들은 자신이 기대하고 희망하는 대학 진학이 어려워지거나 취업에 대한 가능성이 낮아지면 학업 중단 위기가 굉장히 높아지게 된다.

학업 중단 위기를 겪었던 한 고등학생의 사례를 보자. 이 아이는 중학교 때 공부도 곧잘 했고 학교생활도 잘했다. 그런데 고등학교에 들어와서 갑자기 높아진 교과 수준 때문인지 성적이 떨어지기 시작했다. 이 아이는 고민하면서 선생님과 상담하고 자신감을 다시 회복하며 노력해보았지만, 성적은 그리 나아지지 않았다. 그로 인해 이 아이는 학교생활에 흥미를 잃어버리고 일탈 행동을 하기 시작했다. 선생님들과 갈등을 겪기도 하고, 기대감이 높은 엄마 아빠의 기대에 미치지 못하게 되면서 반항하기도 하며 모든 관계가 깨져버리게 되었다. 관계가 깨지고 자신감이 줄어들다 보니 성적이 떨어지고, 이런 악순환이 반복되면서 아이는 자신의 성적으로는 대학 진학이 어렵다고 판단하고 검정고시를 준비하기 위해 학교를 그만두었다.

이 아이처럼 중학교에서는 공부를 곧잘 했지만 고등학교에 진학하면서 갑자기 높아진 교과 수준 때문에 자신감을 잃고 학업을 포기하는 경우가 상당히 많다. 더욱이 고등학교는 대학 진학과 직결되기 때문에 자신감을 잃게 되는 순간 학업 중단으로 이어지게 된다. 특히 사례의 아이는 중학교 때 나름대로 공부도 잘했고 인정도 받으며 기대가 되는 아이였다. 그렇기에 고등학교에서 성적이 추락하는 자신을 보면서 그것을 인정하기 어려웠을 것이다. 이렇게 주변의 기대와 현재 자신의 모습과의 괴리가 아이의 학교 적응을 어렵게 만드는 경우도 있다. 또 중학교 때 공부 잘하는 또래 아이들이 고등학교에서도 잘나가는 것을 보면서 자신과 비교하게 되고, 그로 인해 자신에 대한 실망으로 문제 행동을 일으키기도 한다. 선생님은 그런 모습을 보면서 혼을 내고, 엄마 아빠도 야단치고, 그런 야단과 꾸지람이 반복되면서 자신감을 상실한다. 그로 인해 우울해지고, 세상에 대한 적대감과 반항심이 커지며 일탈 행동으로까지

이어지게 되는 것이다. 아이도 잘하고 싶지만 마음대로 되지 않는 자신의 모습이 싫은데, 거기에 꾸지람과 야단이 더해지면 마음에 깊은 상처를 입게 된다. 이런 상태에 놓여있는 아이들은 야단치거나 처벌을 하기보다는 위로와 격려, 자신감을 심어주는 것이 중요하다. 그리고 공부하는 방법이 잘못되어서 열심히 노력한 것보다 성적이 나오지 않을 때도 있기에, 아이에게 맞는 공부 방법을 가르쳐주어야 한다. 열심히 노력만 한다고 해서 성적이 오르지는 않는다. 공부하는 방법이 잘못되었기 때문에 노력한 만큼의 성적이 나오지 않는 경우가 많다.

예컨대 수영을 잘하지 못하는 아이가 그냥 열심히 한다고 해서 수영을 잘하게 될 수는 없다. 열심히 하는 것보다 더 중요한 것은 수영하는 방법을 아는 것이다. 아이가 노력한 만큼의 성적이 나오지 않아서 절망하고 그로 인해 여러 가지 문제 행동을 하게 된다면, 공부하는 방법을 제대로 가르쳐주는 것이 중요하다. 다시 말하면 아이가 문제 행동에서 벗어나기 위해서는 그 상황에서 벗어날 방법을 알아야 한다. 시간을 관리하는 방법, 과목별로 공부하는 방법과 같은 구체적인 방법을 가르쳐주고, 거기에 더하여 자신감과 용기를 심어주면 아이는 자신의 가능성을 다시 찾게 될 것이다. 이렇게 자신감과 용기를 심어주는 동시에 문제를 해결할 방법까지 제시해주어야 학업 중단 위기에서 벗어날 수 있게 된다.

5장

성공 방정식

$$S = M^2 \times A + P^2 + S^2 - nT$$

성공 방정식

$S=M^2 \times A+P^2+S^2-nT$

S=Success(성공)

M=Mind(마음)

M=Mission(사명)

A=Ability(실력)

P=Personality(인격)

P=Passion(열정)

S=Spirituality(영성)

S=Service(섬김)

nT=negative Thinking(부정적인 생각)

아이들은 10대 시절에 한 번쯤은 빨리 어른이 되면 좋겠다는 꿈을 꾼다.

왜냐하면 어른이 되면 하고 싶은 것은 무엇이든 다 할 수 있고,

늦게까지 공부하지 않아도 되고,

열심히 공부하지 않아도 되고,

잠도 실컷 잘 수 있고,

놀고 싶으면 놀고,

게임하고 싶으면 게임하고,

엄마 아빠 잔소리 듣지 않아도 되고,

돈도 마음대로 쓸 수 있고,

대학교에 들어가면 이성 친구도 마음껏 사귈 수 있을 테니까.

이런 꿈을 꾼 아이가 어른이 되었다.

그런데 이 아이는 어른이 되어서도 나아진 것이 별로 없다는 것을 깨닫게 된다.

대학을 졸업하면 낙타가 바늘구멍에 들어가는 것만큼 어려운 취직을 위해서 어렸을 때 공부했던 것보다 열 배 백 배 더 열심히 공부해야 하고,

그렇게 어렵사리 취직하고,

결혼하고, 아이를 낳고,

전세에서 탈출하기 위해 아등바등 아껴 쓰며 돈을 모으느라 정신 없이 살다가 문득 이런 생각을 하게 된다.

"내가 어렸을 때 꿈꾸었던 어른의 모습이 이게 아닌데…."

그러면서 어린 시절로 다시 돌아갈 수만 있다면 성공한 인생을

채찍질하는 부모
방향 없이 달리는 아이

다시 살 수 있을 텐데 하면서 후회한다.

안타까운 것은 이런 삶의 중요한 통찰을 세월이 흐르고 산전수전을 다 겪은 다음에야 터득한다는 사실이다.

아이들이 가장 듣기 싫어하는 말이 뭘까? 바로 '공부'이다. 그런데 아는가? 어른들이 다시 어린 시절로 되돌아간다면 무엇이 가장 하고 싶을까? 아이러니하게도 어린 시절에 가장 하기 싫었던 공부가 가장 하고 싶다고 대답한다. 그래서인지 부모들은 아이들에게 틈만 나면 잔소리처럼 공부하라고 한다. 우리 아이들이 이런 지혜와 통찰을 어려서부터 터득할 수만 있다면 어른이 되어서 훨씬 덜 후회하고 얼마든지 성공적인 훌륭한 삶을 살아낼 수 있을 텐데 말이다. 그렇다면 우리 아이들이 성공한 인생을 살아가는 데 필요한 것들이 무엇인지를 생각해보자.

$S=M^2 \times A+P^2+S^2-nT$: 1st M=Mind(마음)

아이들이 어른이 되었을 때 후회 없는 훌륭한 삶을 살아내기 위해서는 어렸을 때 '나도 할 수 있다.'라는 긍정적인 마음(Mind)을 갖도록 아이들에게 자신감을 심어주는 것이 중요하다. 자신감(Confidence)은 부모가 아이에게 줄 수 있는 최상의 선물 중 하나이다. 심리학자 칼 피카드트(Carl Pickhardt)는 "자신감이 결여된 아이는 새롭고 어려운 일을 시도하는 것을 꺼려한다."라고 지적했다. 실패로 인해 부모에게 실망을 주는 것을 두려워하기 때문이다. 이런 성향으로 굳어지게 되면 인생의 미래까지도 아이를 주저하게 만들고 성공적인 삶을 사는 데 큰 장애물이 된다. 그렇다면 자신감이 왜 중요한가? 아이의 자신 감에 영향을 주는 요소들을 보면 학업 수행, 친구 간의 원만한 관계, 실수나 실패를 효과적으로 처리하는 능력, 일에 대한 동기, 부모의 양육 방식 등이다. 자기 능력의 범위 안에서 자신감이 있어야 정신적으로 건강한 아이가 될 수 있다. 자신감은 주로 초등학교 시절 가정이나 학교에서의 다른 사람과의 관계, 혹은 경험을 통해서 형성된다. 이런 과정에 문제가 생기면 열등감이 많은 아이가 될 수 있고, 특히 부모의 잘못된 양육 태도로 인해 아이의 자신감을 해치는 경우도 많다. 즉 아이를 과잉보호한다거나, 아이에게 무관심하거나, 혹은 완벽한 아이를 원할 때, 아이에 대해 비난과 비판으로 일관할 때 아이에게 문제가 생기게 된다. 이로 인해 아이는 다음과 같이 자신을 부정적으로 생각하게 된다.

"노력해도 안 돼!"
"난 무능력해."
"열등해."
"난 잘하는 게 없어."
"난 나쁜 아이야."
"노력하면 뭐해, 이번에도 실패할 텐데."

자신감 있는 아이로 키우려면 어떻게 해야 하는가? 첫째, 아이가 스스로 자기 행동에 대해서 책임질 수 있는 능력을 키워주는 것이다. 부모의 양육 방식에서 허용과 엄격함이 조화를 이룰 때 아이는 자신을 스스로 통제할 수 있는 능력이 생긴다. 부모가 너무 지나치게 허용적이거나 너무 엄격한 태도를 보이면 아이가 스스로 통제할 수 있는 능력을 해치게 된다. 둘째, 아이가 잘할 수 있는 것이 무엇인지 부모가 잘 파악하여 아이 스스로가 그 능력을 찾아가도록 도와주어야 한다. 셋째, 아이의 실패에 대해 부모는 침착해야 하고, 따뜻한 말로 다독여주어야 아이가 실패를 두려워하지 않게 된다. 넷째, 아이가 할 수 있는 일을 시켜서 아이 스스로 내가 어떤 일에 기여했다는 긍정적인 마음을 갖도록 하는 것이 중요하다. 다섯째, 아이에게 자신이 할 일에 대해서 스스로 선택할 기회를 많이 주어야 한다. 여섯째, 아이에게 부정적인 말은 결코 해서는 안 되며, 실수를 하더라도 도리어 따뜻한 말로 격려해주고 실패와 좌절을 이겨내는 방법을 가르쳐주어야 한다.

아이에게 자신감을 심어줄 수 있는 말을 자주 하는 것이 좋다. 다음은 아이를 금쪽같이 빛나게 하는 말들이다.

"괜찮아, 괜찮아, 괜찮아."
"틀려도 괜찮아."
"엄마 아빠가 힘들 때 이렇게 도와주어서 얼마나 고마운지 몰라."
"참 즐거워 보이는구나."
"실패할 수 있어. 엄마 아빠도 너처럼 실패한 적이 있거든."
"너무 실망하지 마, 다음엔 잘할 수 있을 거야."
"그것참 좋은 아이디어구나."
"넌 할 수 있어."

"그래 한번 해보는 거야."

"노력하면 넌 충분히 해낼 수 있을 거야."

"네가 생각하는 것처럼 세상에는 도저히 이해가 안 되는 것도 많이 있단다."

"정말 훌륭하구나."

"참 잘했어요."

"항상 엄마 아빠는 네 편인 거 알지."

"가슴을 쫙 펴고 항상 자신감을 가져 봐."

"마음먹었으면 끝까지 해보는 거야."

"너는 특별한 존재란다."

금쪽같이 빛나는 말을 듣고 자란 아이는 매사에 긍정적인 마음으로 자신감을 가지고 자신이 목표하는 것을 훌륭하게 이루어낼 수 있게 된다.

$S=M^2 \times A+P^2+S^2-nT$: 2nd M=Mission(사명)

사명(使命)은 자신에게 맡겨진 일을 목숨 걸고 하는 것을 의미한다. 사(使)는 '부릴 사, 심부름할 사'이며, 명(命)은 '목숨 명'인데 '심부름을 위해 보냄을 받은 사람이 목숨 걸고 심부름하는 것'을 사명이라고 한다.

예컨대 특별한 심부름을 하는 사람을 특사(特使),

나라의 심부름을 하는 사람을 대사(大使),

비밀리에 심부름을 보낸 사람을 밀사(密使),

하나님의 심부름을 위해 보냄을 받은 사람을 사도(使徒)라고 한다.

사명은 영어로 'Mission'이며, 이는 라틴어 'Missio'에서 온 단어로 '보내다'라는 뜻을 갖고 있다. 인간은 누구나 어떤 심부름을 위해 이 세상에 보내어진 존재이다. 그 심부름의 내용이 무엇인지를 아는 것이 곧 인생 최고의 날인 자신의 사명을 발견하는 날이다. 우연히 태어난 사람은 단 한 사람도 없다. 태어날 때는 모두 자신만의 몫, 사명을 가지고 태어난다. 그리고 그 사명을 이루는 데 필요한 자기만의 재능을 가지고 태어난다.

사명은 한마디로 내가 이 세상에 태어난 목적이 무엇인지다. 나는 무엇을 위해 나의 모든 열정을 쏟아부으며 살 것인가? 그리고 무엇을 위해 죽을 것인가? 이 물음에 관한 내용이다. 사명을 아는 자만이 자신의 미래를 스스로 개척해갈 수 있고, 누군가에 의해서 살아가는 것이 아니라 내가 인생의 주인이 되어 삶의 목표를 향해 멋지게 살아갈 수 있게 되는 것이다.

비전(vision)과 사명(mission)은 분명 의미가 다르다. 비전은 '멀리 자신의 미래를 내다보면서 장차 이룰 미래에 대한 나의 계획, 또는 구상'을 의미하지만, 사명(mission)은 '내가 무엇을 위해 살다가 무엇을 위해 죽을까?'의 문제이다. 실존주의 철학자 키르케고르(Kierkegaard)는 22세 때 그의 일기에 이렇게 써놓았다. "온 세계가 무너진다 해도 내가 꽉 붙들고 놓을 수 없는 이념, 내가 그것을 위해서 살고 그것을 위해 죽을 수 있는 사명을 나는 찾아야 한다." 인생을 살아가는 데 있어서 사명을 발견한다는 것이 얼마나 중요한지를 말해주는 대목이다.

에이브러햄 링컨은 19세에 자신의 시대적 사명을 깨달았다. 그는 스토우 부인이 쓴 ≪톰 아저씨의 오두막집≫이라는 소설을 읽고 노예 제도의 부당성을 인식하게 되었고, 노예 해방에 대한 인식과 각성을 새롭게 하면서 자신의 시대적 사명을 깨달았다. 그의 사명은 노예를 해방하는 것이었다. 그리고 그는 생각했다. "그렇다면 내가 이 사명을 이루기 위해, 즉 노예를 해방하기 위해서 지금 당장 해야 할 일이 뭘까?" 그러면서 노예 해방은 대통령만이 할 수 있다는 것을 깨닫게 되었고, 사명을 이루기 위한 하나의 통로로 대통령이 되기 위해 비전을 세우게 되었다. 그러므로 링컨에게 있어서 노예를 해방하는 것이 그의 사명(mission)이라면, 대통령은 사명을 이루기 위한 하나의 비전(vision)이자 인생의 목표였다. 그는 이것이야 말로 자신이 이 땅에 존재하는 이유라고 생각했다. 이렇듯 사명과 비전이 뚜렷해야만 목적이 이끄는 삶을 살게 되는 것이다.

목적지도 없고 엔진도 고장이 나 있고 방향타도 없는 배가 망망대해에 떠 있다고 생각해보라. 그리고 브레이크가 고장 난 핸들이 없는 자동차에 앉아서 액셀러레이터를 밟고 있는 장면을 한번 상상해보라. 바람 부는 대로 배를 그냥 놓아두겠는가? 바퀴가 굴러가는 대로 자동차를 내버려 두겠는가? 방향타 없는 배의 끝은 침몰이고,

핸들이 없는 자동차의 끝은 충돌, 아니면 전복이다. 흘러가는 대로 사는 인생의 끝이 바로 이와 같은 것이다.

부모는 꿈이 없거나 삶의 목표가 뚜렷하지 않은 아이에게 늘 이렇게 말한다.

"너는 커서 도대체 뭐가 되려고 그러냐?"
"꿈이라는 게 있긴 하니?"
"삶의 목표는 있니?"
"공부하는 목적이 있어야 하지 않겠니?"

그러면 아이는 이렇게 말한다.
"목표요, 생각하기 싫어요."
"커서 뭐가 되고 싶은지가 그렇게 중요한가요?"
"엄마 그냥 놔두세요."
"상관없어요."
"그냥 이렇게 살래요."
"꿈이 뭐가 중요해요."
"삶의 목표가 뭔지 모르겠어요."
"삶의 목표가 왜 중요한데요?"
"흘러가는 대로 그냥 놓아두세요."

아이가 삶의 목표를 세우지 못하는 데는 분명한 이유가 있다. 첫 번째 이유는 아이도 목표가 필요하다는 것은 알지만 그것이 왜 중요한지를 모르기 때문이다. 예컨대 '에어팟'을 사기로 마음먹으면 다른 사람이 귀에 꽂고 다니는 '에어팟'이 유난히 더 눈에 띄게 된다. 그리고 입만 열면 '에어팟'을 사달라고 부모의 주리를 틀게 된다. 갖고 싶은 욕구가 목표를 만들고 목표가 있으면 그것과 관련된 것에 더 민감해지기 때문이다. 목표는 생각과 행동을 안내하는 지도의 역할을 하기 때문에 필요한 것이다.

삶의 목표를 세우지 못하는 두 번째 이유는 세운 목표를 이루지 못할 것에 대한 두려움 때문이다. 성적을 올리는 것이든, 살을 빼는 것이든, 끌리는 이성에게 프러포즈를 하는 것이든, 목표를 이룰 가능성이 없다고 판단될 때 흔히 쓰는 전략은 포기해버리는 것이다. 마치 《이솝 우화》에 나오는 여우처럼 말이다.

굶주린 여우가 잘 익은 포도송이가 주렁주렁 매달린 포도나무를 보았다. 여우는 온갖 수단을 이용해 포도송이를 따먹으려고 시도해보았지만 모두 헛수고였다. 왜냐하면 포도송이는 여우가 도저히 닿을 수 없는 높은 곳에 있었기 때문이다.
결국 여우는 허탈한 실망감을 감추고 마음을 바꾸었다.
그리고는 이렇게 중얼거렸다.
"저 포도는 내가 먹을 수 있을 만큼 익지 않은 시어빠진 신 포도가 분명해."
그러면서 포기하고 돌아서게 된다.

《이솝 우화》의 여우가 바로 우리 자신이다. 우리는 무엇을 하

채찍질하는 부모
방향 없이 달리는 아이

려다 하지 못하면, "이건 못 한 게 아니라 안 한 거야."라며 자신의 행동을 합리화한다. 포도를 못 딴 게 아니라 시어서 안 딴 것이라고 말이다.

그래서 인간은 합리적인 동물이 아니라 합리화하는 동물이라는 말이 생겨난 것이다. 하긴 사람이 욕망을 모두 채우며 살 수는 없는 노릇이기에, 먹고 싶은 포도를 먹지 못하면 "저건 분명히 신 포도일 거야." 하며 아무렇지 않게 욕망의 포도나무를 그냥 스쳐 지나가는 것, 그래서 포기하면서도 마음의 상처를 입지 않는 것이 삶의 지혜일지도 모르겠지만 말이다. 아이들도 마찬가지이다. 좌절감은 목표 때문에 생기는 것이고 목표가 없으면 좌절감을 느낄 이유가 없다. 그렇기에 좌절감을 느끼지 않기 위해서 아예 목표를 세우지 않는 경우도 있다.

목표를 세우지 못하는 세 번째 이유는 대가를 지불하는 것이 귀찮고 싫어서이다. 다이어트를 위해서는 매일 운동을 해야 하고 먹는 것도 줄어야 한다. 매일 운동을 하기 위해서 운동복을 갈아입고 조깅을 하거나 헬스를 해야 하고, 운동이 끝나면 샤워도 해야 한다. 적어도 두 가지의 대가, 즉 시간과 노력을 투자해야 한다. 고통 없이 이룰 수 있는 것은 이 세상에 아무것도 없다(No pain, No gain).

아이들이 목표를 세우지 못하는 네 번째 이유는 많은 유혹에 약하기 때문이다. 많은 사람이 자신을 위해 귀한 시간을 투자하기보다는 다른 사람들의 목표 달성에 일조하느라 분주하게 사는 경우가 적지 않다. 예컨대 해야 할 중요한 일이 있는데도 그것을 제쳐놓고 쓸데없이 게임을 한다든지, 연예인들이 신나게 노는 예능 프로를 보면서 시간을 낭비하는 경우이다. 내일 당장 시험인데 친구가 피시방에 가자고 하면 그 유혹을 이기지 못하고 당장 해야 할 일을 미룬 채 중요하지 않은 일을 먼저 하게 된다. 그들의 목표 달성에 내가 희생당하는 꼴이 되는 것이다. 목표가 없는 사람은 목표가 분명한 사람의 밥이 될 뿐이다.

일에도 우선순위(priority)가 있다. 우선순위를 정할 줄 아는 지혜 있는 자가 되어야 한다. 병에 모래, 큰 돌, 물, 자갈을 넣으려고 할 때, 가장 먼저 넣어야 할 것이 무엇이며 가장 나중에 넣어야 할 것이 무엇일까? 그 순서를 틀리면 네 가지의 물질을 병에 다 넣을 수 없게 된다. 가장 먼저 넣어야 할 것은 큰 돌이고, 그다음에 자갈, 모래, 그리고 마지막에 물을 넣어야 병에 이 모두를 다 담을 수 있다. 해야 할 일과 하고 싶은 일, 중요한 일과 중요하지 않은 일, 급한 일과 급하지 않은 일을 구분할 줄 알아야 한다. 그리고 가장 먼저 해야 할 일은 중요하면서 급한 일이 되는 것이다.

삶의 목표를 정한다는 것은 마치 집을 짓기 위해 먼저 설계도를 그리는 것과 같다. 설계도 없이 무작정 집을 지을 수 없듯이, 삶의 목표 없이는 성공적인 인생을 살아낼 수 없다. 또 삶의 목표를 정한다는 것은 마치 산 정상에 오르기 위해 등산하는 사람과 같다. 처음 등산하는 사람에게 가장 힘든 것이 뭘까? 등산하는 사람에게 가장 힘들고 두려운 순간은 정상이 어디인지를 모를 때, 정상으로 오르는 길을 잘 모를 때, 정상에 오르는 데 시간이 얼마나 걸리는지 모를 때이다. 모른다는 것은 사람을 참으로 힘들게 하고 두렵게 한다. 그래서 사람들은 산에 오르기 위해서 제일 먼저 정상이 어디인지, 오르는 데 시간은 얼마나 걸리는지를 확인하는 것이다.

거리는 짧지만 가파른 길도 있고,
거리는 길지만 완만한 길도 있다.
길마다 거리도 다르고,
완만하거나 가파른 정도가 다르다는 사실도 확인한다.
그리고 나에게 주어진 시간은 얼마인지,
정상에 오르기 위해서 체력은 충분한지,
이 모든 것을 확인한 다음에 정상에 오르는 길을 선택하게 되는 것이다.

삶의 목표를 정하는 것도 이와 마찬가지이다. 등산하는 데도 이렇게 다양한 정보를 수집하고, 분석하고, 모든 상황을 고려해서 선택하는데, 인생의 정상에 오르면서 아무런 계획 없이 무작정 오를 수는 없는 노릇이 아니겠는가? 삶의 목표를 정하지 않고 산다는 것은 아무런 정보 없이 무작정 산에 오르는 것과 똑같은 것이다. 이런 인생은 아무리 열심히 산다 한들 원하는 것을 얻을 수 없고, 결국 허망한 결과밖에 나오지 않는다. 자신의 능력과 역량에 맞는 길을 선택하고 중간중간 자신의 길을 확인하고 점검하지 않으면, 목표에 가까워지는 것이 아니라 오히려 목표에서 멀어질 수 있다.

인생의 길에는 갈림길이 너무도 많다. 그렇기에 아이들이 10대에 삶의 목표를 정하는 것이 왜 중요하다. 삶의 목표가 정해져 있지 않으면 엉뚱한 길을 선택하게 되고, 시간을 낭비하게 되고, 그 중요한 갈림길에서 우왕좌왕하기도 하고, 때로는 잘못된 선택으로 인해서 평생 후회하는 삶을 살게 된다. 지금 이 순간의 선택이 평생을 좌우할 수 있다. 삶의 목표가 분명하다면 주저함 없이, 고민 없이 정해진 길을 쉽게 선택할 수 있다. 시간을 낭비하지 않고 그 길을 묵묵히 걸어갈 수 있게 되는 것이다.

내가 무엇을 위해 살아야 하는지,
어디에 가치를 두고 살아야 하는지,
나의 모든 에너지를 어디에 쏟아부으며 살아야 하는지,

아이들이 이 물음에 분명한 대답을 가지고 한번 사는 인생, 의미 있고 가치 있는 소중한 삶을 살아가도록 해야 한다. 이를 위해서는 무엇보다 시간을 잘 활용하는 방식부터 정해야 한다. 먼저 소중한 것을 먼저 하도록 해야 한다. 그렇다면 무엇이 소중한 일일까? 꿈을 이루기 위해 지금 당장 해야 할 일이 가장 소중한 일이 될 것인데, 바로 실력을 쌓고 인격을 다듬는 일이다. 10대에 인생의 목표를 세우고 그 목표를 이루기 위해 대가를 지불하게 되면, 10년 20년 후에는 그렇지 않은 아이들과 노는 물이 다르게 될 것이다. 한 교실 안에서 똑같은 교복을 입고 똑같은 선생님에게서 똑같은 것을 배운다고 해서 아이들이 모두 비슷한 삶을 사는 것이 아니다. 사명과 비전, 꿈이 있는 아이와 그렇지 않은 아이의 미래는 하늘과 땅

만큼이나 크게 차이가 나게 될 것이다.

$S=M^2 \times A+P^2+S^2-nT$: A=Ability(실력)

4차 산업혁명 시대

사명을 발견하고 그 사명을 실현하기 위해 가장 중요한 도구가 뭘까? 바로 실력(Ability)이다. 실력의 사전적 의미를 보면 "사람이 어떤 일을 실제로 해낼 수 있는 능력"이다. 성적과 실력의 관계를 따져볼 필요가 있다. 성적이 좋으면 실력도 좋다고 말할 수 있을까? 실력이 있으면 성적도 좋은 것인가? 성적이 좋으면 실력도 좋을 수 있지만, 성적이 좋다고 반드시 실력도 좋은 것만도 아니다.

예컨대 도덕, 윤리 과목의 성적은 좋은데 정직하지 못하고 거짓말을 밥 먹듯이 하는 사람은 도덕, 윤리 과목의 성적은 좋을지 몰라도 도덕 실력은 극히 낮은 수준이라고 할 수 있다. 미술 과목의 성적은 좋지만 미술 작품을 감상하는 능력이 떨어지는 사람, 국어 성적은 높은데 글을 잘 쓰거나 교양 있게 언어를 구사하는 능력이 부족한 사람, 수학 성적은 높은데 수학적 사고를 하지 못하는 사람, 역사 성적은 좋은데 역사를 제대로 해석해낼 수 있는 통찰력이 부족한 사람, 영어 성적은 좋은데 원어민과 대화를 할 수 없는 사람 등도 마찬가지다. 성적이 중요한 것이 아니라 실력이 더 중요하다는 것이다.

지금 우리나라에는 학력 파괴의 바람이 불고 있다. 대학 졸업장보다 실력이 중요하다는 얘기다. 왜냐하면 명문 대학 졸업생들이 일의 현장에서 기대만큼의 역량을 발휘하지 못하기 때문이다. 몇 년 전부터 우리나라 기업은 신규 직원을 채용할 때 블라인드 채용을 통해 학력 외에 실제 문제 해결 능력이 있는지, 창의성이 있는지를 평가하는 추세이다.

　가장 혁신적인 기업 중 하나인 구글(Google)은 대학 졸업장이 없는 직원을 늘려가고 있다. 학력이 아닌 실력과 창의성의 중요성을 뼈저리게 느끼고 있기 때문이다. 그렇다고 학력이 아무짝에도 쓸데없다는 얘기는 아니다. 학력이 좋아야 성공할 수 있다는 막연한 기대를 가지고 아이를 교육해서는 안 된다는 얘기이다.

　"아프리카의 원시 부족이 강을 따라 살고 있었다. 그 강의 상류에는 거대한 댐이 지어지고 있었다. 원시 부족은 그걸 모른 채로 강에서 물고기를 잡는 법, 카누를 만드는 법, 농사짓는 법을 계속 자식들에게 가르쳤다. 그러다 댐이 만들어지자 이 원시 부족과 문명은 흔적도 없이 사라졌다."

　앨빈 토플러의 가상 미래 시나리오에 등장하는 원시 부족의 미래다. 이는 곧 사라질 것에 집착하며 자녀를 교육하는 현대 부모의 모습과도 맞닿아있다.

　《다섯 가지 미래 교육 코드》^(소울하우스)에서 김지영 교수가 지적한

채찍질하는 부모
방향 없이 달리는 아이

대로, 댐이 만들어져 아무 흔적도 없이 사라지기 전에 지금 어떤 변화가 어떻게 일어나고 있는지 살피면서 아이를 키워야 한다. 이제 '한 가지만 전공해서 그 전공으로 한 가지 직업을 가지고 사는 시대'는 끝났다. 우리 아이들은 앞으로 다양한 지식 융합 분야를 전공하게 될 것이고 살면서 몇 번이고 자신의 직업을 바꾸게 될 것이다.

르네상스 하면 떠오르는 인물 중 레오나르도 다빈치(Leonardo da Vinci)를 빼놓을 수 없을 것이다. 그의 천재성은 그가 남긴 노트에 고스란히 담겨 있다. 그는 수학, 과학, 철학, 미술, 건축 등을 넘나들며 29종 13,000여 쪽에 달하는 노트를 남겼다고 한다. 그러나 이것은 실제 그가 쓴 것의 절반 정도에 해당하는 분량이라고 한다. 그가 죽을 때 제자 프란체스코 멜치(Francesco Melci)에게 노트를 모두 넘겨서 관리하도록 했지만 결국 유럽 전역으로 팔려나가거나 약탈당해 일부만 밀라노에 남아있다고 한다.

더 안타까운 일은 16세기 말에 일어났다. 피렌체의 조각가 레오니(Leoni)는 다빈치가 죽기 전 멜치에게 남긴 수천 쪽에 달하는 노트를 기술적인 것과 예술적인 것으로 분류했다고 한다. 그리고 후대 기술자들은 다빈치의 기술이 담긴 노트에만 관심을 가졌고 예술가들은 예술이 담긴 노트에만 관심을 가졌다는 것이다. 사실 지식은 그 경계를 나누는 것이 난센스라고 생각한다. 그렇기 때문에 다빈치가 남긴 노트를 영역별로 구분 짓고 나눴다는 것이 어쩌면 다빈치를 넘어서는 융합형 인재가 나오지 못했던 원인이 아닐까 생각해보게 된다.

창의융합형 인재

지금도 그러하지만 앞으로 우리 아이들이 살아갈 시대에 필요한 인재는 '창의융합형 인재'라고 할 수 있다. '창의융합형 인재'란 지식을 융합해서 새로운 가치를 창출해내는 사람을 가리킨다. ≪역사의 쓸모≫^(다산북스)에서 최태성은 구텐베르크를 '창의융합형 인재'로 꼽고 있다. 구텐베르크는 금속활자를 이용해 인쇄기를 발명한 사람이다. 역사상 최초의 대량 인쇄 기술을 개발한 것이다. 현존하는 가장 오래된 금속활자는 구텐베르크보다 80년 앞선 ≪직지심체요절≫로 청주 흥덕사에서 만든 것인데 당시 불교 서적을 주로 찍어냈지만 구텐베르크처럼 대량 인쇄는 하지 못했다.

구텐베르크 인쇄기는 달랐다. 대량 인쇄가 가능한 '프레스'(press)를 도입한 것이다. '프레스'는 원래 포도주나 올리브유를 만들기 위해 열매의 즙을 짜는 압착기였는데, 구텐베르크가 여기서 영감을 얻은 것이다. 그리고 인쇄에 필요한 종이는 중국에서 가져왔다. 금속활자는 조폐국에서 금화나 은화에 문양을 새기는 것에서 아이디어를 가져왔다. 사실 이렇게 본다면 구텐베르크의 창의적인 아이디어는 단 하나도 없다. 이미 존재하던 기술을 융합한 것뿐이다. 금속활자와 프레스기, 종이, 이것들이 서로 융복합된 것이 구텐베르크의 인쇄술이라고 할 수 있다.

지식과 정보 공유의 역사에는 지금까지 두 번의 큰 변혁이 있었는데 그 첫 번째가 바로 구텐베르크의 인쇄술이고, 두 번째가 스티브 잡스의 아이폰 기술이다. 학교가 미래의 아이콘을 꿈꾸는 세계 청소년들의 롤 모델인 스티브 잡스와 같은 '창의융합형 인재' 양성에 매진하는 이유가 바로 여기에 있다.

미래를 살아갈 우리 아이들이 갖추어야 할 것은 지식의 축적이 아니라 어떠한 상황과 문제에 직면하더라도 대응할 수 있는 적응력이다. 이러한 적응력을 높이기 위한 창의융합형 인재 교육은 우리 사회의 생존과 직결된 문제이다. 미래 사회는 사람과 사람을 연결하는 협업 능력과 소통 능력이 중시되는 사회이기 때문에 이러한 역량을 기르기 위한 창의융합형 인재 교육은 매우 중요하다고 볼 수 있다. 과거에는 똑똑한 개개인이 변화를 이뤄냈지만, 이제는 협업 능력을 갖춘 인재들이 모여 혁신을 이루는 시대가 온 것이다.

인공지능과 로봇 기술, 빅데이터로 상징되는 4차 산업혁명을 주도할 융합 교과활동인 창의융합형 인재 교육을 위해 2015 개정 교육과정에서는 '창의융합형 인재'라는 인재상을 제시하고 미래 사회에서 갖추어야 할 6개 핵심 역량을 함양하도록 설계해 교육과정에 적용하고 있다.

> 첫째, 자기 관리 역량으로 자아 정체성과 자신감을 가지고 자신의 삶과 진로에 필요한 기초 능력과 자질을 갖추어 자기 주도적으로 살아갈 수 있는 능력이다.
> 둘째, 지식정보 처리 역량으로 문제를 합리적으로 해결하기 위하여 다양한 영역의 지식과 정보를 처리하고 활용할 수 있는 능력이다.
> 셋째, 창의적 사고 역량으로 폭넓은 기초 지식을 바탕으로 다양한

전문 분야의 지식, 기술, 경험을 융합적으로 활용하여 새로운 것을 창출하는 능력이다.

넷째, 심미적 감성 역량으로 인간에 대한 공감적 이해와 문화적 감수성을 바탕으로 삶의 의미와 가치를 발견하고 향유할 수 있는 능력이다.

다섯째, 의사소통 역량으로 다양한 상황에서 자신의 생각과 감정을 효과적으로 표현하고 다른 사람의 의견을 경청하며 존중하는 능력이다.

여섯째, 공동체 역량으로 지역, 국가, 세계 공동체의 구성원에게 요구되는 가치와 태도를 지니고 공동체 발전에 적극적으로 참여하는 능력이다.

이렇듯 미래 사회가 요구하는 핵심 역량이란 미래 사회 시민으로서 성공적이고 행복한 삶을 살아가기 위해 필요한 핵심적인 능력으로, 지식, 기능, 태도 및 가치가 통합적으로 작용하여 발현되는 능력을 말한다.

연세대학교 의과대학에서도 타 학문과 연계한 융합형 인재 발굴에 주력하고 있다. 2018년부터 연세대학교 의과대학에서는 '의예과 부전공 맞춤형 교육과정'을 도입해서 융복합 연구의 기틀을 마련하였고, 의대생들이 의학만이 아니라 경영, 경제, 수학, 철학, 물리학 등 다양한 분야에 관심을 갖도록 하였다. 학문 간 융합형 인재를 육성하고자 하는 것인데, 이 제도는 학생 자신의 역량 및 적성에 맞춰 다른 학문을 학습할 기회를 제공함으로써 학습 동기를 부여하고 성취감을 부여해주고 있다. 학문 간 학습 경험은 폭넓은 사고를 가능하게 하고, 궁극적으로는 의학과 다른 학문과의 융복합 연구에

채찍질하는 부모
방향 없이 달리는 아이

관심을 유발함으로써 우수한 의과학자를 육성할 수 있는 시스템의 토대를 만들어가고 있다.

≪2020 미래교육보고서≫^(경향미디어)는 미래학적 관점에서 본 인재상을 멀티플레이어이자 리더십이 강하고 경험이 많은 사람, 문제해결 능력과 창의적, 분석적 사고, 팀워크, 의사소통 능력, 의사결정 능력이 뛰어난 사람으로 이야기한다. 성적이 좋고 공부를 곧잘 한다고 하는 아이라도 이런 능력과 역량이 부족하다면 결코 성공적인 인생을 살 수 없을 것이다.

앞으로 우리 아이들이 살아갈 시대에는 직업 생태계가 완전히 바뀔 것이다. 현재의 직업은 사라지고 새로운 직업이 생겨날 것이다. 앨빈 토플러의 가상 미래 시나리오에 등장하는 원시 부족의 미래와 같이 곧 사라질 것에 집착하며 자녀를 교육하는 우를 범해서는 안될 것이다.

4차 산업혁명 시대의 핵심 키워드

4차 산업혁명 시대에 펼쳐지게 될 산업은 IT 산업이라고 할 수 있다. AI(Artificial intelligence 인공지능)는 4차 산업혁명을 대표하는 물건이다. AI의 발달로 공장의 자동화 프로세스는 정밀한 작업도 인공지능 기계가 맡아서 할 수 있다. 3D 프린터, 드론, 클라우드 블록체인, 자율주행 자동차는 물론이고 이 시대의 모든 정보의 근간인 빅데이터도 4차 산업혁명 시대에 빠져서는 안 되는 중요한 요소이다. 특히 빅데이터는 이전에 있었던 결과와 자료를 가지고 미래를 예측하는 기술로, 단순한 과학을 넘어서 이제는 하나의 인과관계 영역에까지 진출하였다. 이는 미래 산업을 책임지게 될 중요한 기술 분야라고 할 수 있다.

앞으로의 미래를 바꿔나가게 될 4차 산업혁명 시대의 핵심 키워드는 클라우드, 사물 인터넷, 인공지능, 로봇공학, 드론, 자율주행, 가상현실, 증강현실, 핀테크, 양자 컴퓨터, 3D 프린팅, 안드로이드, 블록체인, 빅데이터 등이다. 그렇다면 앞으로 4차 산업혁명 시대에 인간의 업무 영역은 무엇이 될까? ≪다섯 가지 미래 교육 코드≫(소울하우스)에서 김지영 교수는 미래에 급증하는 비정형적인 업무를 수행하기 위해서 고차원적 역량이 필요하다고 말한다.

고차원적 역량에는 비판적 사고력, 창의력, 문제 해결 능력, 의사소통 능력, 다문화 감수성 등이 포함된다. 과거에는 주로 육체노동자 혹은 지식 노동자가 주류를 이루었다면, 4차 산업혁명 시대에는 새로운 노동의 형태가 등장할 것이다. ≪무엇이 세상을 바꿀 것인가?≫(교보문고)에서 정지훈 교수는 'Insight Worker' 즉 '창조 노동자'가 미래 노동자의 주류를 이루게 될 것으로 전망했다. 창조 노동자는 지식 노동자와는 달리 정보를 다루며 데이터를 분석하는 일은 컴퓨터에게 맡기고, 비판적 사고력, 창의력, 문제 해결 능력, 의사소통 능력, 다문화 감수성 등 기계가 하기 어려운 영역을 하게 될 것이다. 예컨대 디자인 분야의 사람이라면 소비자와 함께 디자인하고 생산하는 '공감과 창조형 인재'가 창조 노동자에 해당한다고 볼 수 있다.

옥스퍼드대학이 미국을 대표하는 직업 704개에 대하여 그것이 컴퓨터 기술로 대체될 확률을 분석한 결과, 전체의 47%의 직업이 사라지는 것으로 나타났다. 여기에는 변호사, 판사, 회계사, 세무사, 의사, 약사 등 선망받는 직업이 다수 포함되었다. 인공지능이 단순 반복 노동뿐 아니라 지식 노동자도 위협하고 있는 셈이다. 4차 산업혁명 시대의 유망 직종은 스마트 기계 자동화(스마트 팩토리), 스마트 에너지 제어(ESS/EMS), 바이오 제약, 가상/증강현실(VR/AR), 드론 제작 및 관리와 운영, 스마트 금융 시스템(핀테크), 스마프 팜, 스마트 자동차 등이다.

4차 산업혁명의 도래로 많은 직업이 없어지겠지만 새로운 직업들도 생겨날 것이다. 시장 분석에 따르면 자동화로 인해 판매원의 직업 대체 위험도는 92%이지만, 실제로 컴퓨터가 대체 가능한 인력은 4%에 불과한 것으로 조사되었다. 예컨대 전문 지식이 필요한 경영 및 금융 서비스 분야나 건축, 공학, 컴퓨터, 수학 등의 직업군은 4차 산업혁명 시대에 오히려 일자리가 늘어날 수 있다는 것이다. 결국 미래 노동의 핵심은 기계와 인간의 협업을 얼마나 창출해 내느냐에 달려있다고 할 수 있다. 아이를 미래의 '창의융합형 인재'로 키우려면, 어떤 물질이 화학적 결합을 통해 서로 완전히 하나로 융합이 되는 것처럼, 과학, 기술, 공학, 인문, 예술 등 타 학문 간의 지식 융합을 통해 새로운 것을 창조해내는 능력을 갖추도록 해야 한다.

4차 산업혁명 시대에 가져야 할 통찰

4차 산업혁명 시대에는 생각하는 힘, 즉 사고력이 곧 실력이다. 지식의 총량이 비약적으로 늘어나면서 나타난 지식의 빅뱅 시대에는, 얼마나 많이 아는가보다 세상의 변화를 정확하게 통찰하고, 필요할 때 언제든지 유용한 지식을 찾아내서 활용할 수 있는 '사고 능력'이 더 중요하다. 그렇다면 어떻게 해야 사고 능력을 키울 수 있는가? 그것은 폭넓은 독서를 통해서이다.

미국의 시카고(Chicago)대학은 1890년 석유 재벌 록펠러의 기부금으로 설립된 연구 중심의 사립대학이다. 세계에서 네 번째로 많은 91명이나 되는 노벨상 수상자들이 시카고대학에서 공부했거나 교수로 지냈다. 시카고대학은 현재는 명문 대학으로 알려졌지만, 설립 초기에는 사실 이름 없는 삼류 사립대학에 불과했다. 그렇다면 어떻게 해서 삼류 사립대학이 노벨상을 세계에서 네 번째로 많이 배출하는 명문 대학이 되었을까? 시카고대학이 현재와 같이 성장할 수 있었던 힘은 1929년 시카고대학의 제5대 총장으로 취임한 로버트 허친스(Robert Hutchins)의 '시카고 플랜'(Chicago Plan)에서 나왔다.

로버트 허친스는 시카고대학의 총장으로 부임하면서, 열등감과 무력감에 빠져 있는 학생들에게 어떻게 하면 뚜렷한 꿈과 비전을 심어줄지를 고민했다. 이를 고민하다가 그는 시카고 플랜의 일환으로 'The Great Book Program'(고전 100권 읽기 운동)을 시작했다. 이는 대학 4년 동안 성경을 필두로 해서 고전 100권을 읽어야만 졸업할 수 있는 제도였다. 또한 학생들이 졸업하기 위해서 막연하게 책만 의미 없이 읽는 것이 아니라 세 가지 과제를 주고 책을 읽도록 했다.

첫째, 모델을 정하라: 너에게 가장 알맞은 모델을 한 명 골라라.
둘째, 영원불변한 가치를 발견하라: 인생의 모토가 될 수 있는 가치를 발견하라.
셋째, 발견한 가치 위에 꿈과 비전을 세워라.

로버트 허친스 총장의 시카고 플랜은 자신이 잘 알고 있던 존 스튜어트 밀(John Stuart Mill)의 독서법을 따른 것으로, 철학 고전을 비롯한 세계의 위대한 고전 100권을 달달 외울 정도로 읽지 않은 학생은 졸업을 시키지 않는다는 내용이다. 처음에는 울며 겨자 먹기 식으로 억지로 책을 읽어나가던 학생들은 100권의 책을 읽어나가면서 점차 고전에 담긴 사고방식을 익히게 되었다.

존 스튜어트 밀은 천재적인 사상가로도 유명하지만, 독서법으로도 유명하다. 그의 독서법은 네 단계를 따르고 있다.

첫째, 먼저 철학 고전 저자에 관해 쉽게 설명한 책을 읽는다.
둘째, 철학 고전을 통독한다. 이해가 잘되지 않더라도 그냥 읽는다. 소리 내어 읽으면 더욱 좋다.
셋째, 정독한다. 이해가 되지 않는 부분을 만나면 어느 정도 이해가 가능할 때까지 몇 번이고 되풀이해서 읽는다. 특히 이해가 잘되지 않는 부분은 크게 소리 내어 읽을 것을 권면한다.
넷째, 노트에 중요 구문 위주로 필사를 하면서 통독한다. 필사는 철학 고전 독서의 핵심이라 할 수 있다. 필사를 통해 철학 고전 저자의 사고 능력을 조금이나마 내 것으로 만들 수 있기 때문이다. 그리고 필사를 하면 몇 번이고 정독할 때도 이해 불가능하던 구절들이 순간에 이해될 수 있다.

존 스튜어트 밀은 평범한 지능을 가지고 태어났지만, 영국 공리주의 지도자였던 아버지 제임스 밀(James Mill)에게 독서 교육을 받은 뒤 천재적인 두뇌를 갖게 되었고, 20대 중반에는 천재 사상가의 반열에 오르게 된다. 그의 독서법은 초등학교 때부터 플라톤, 아리스토텔레스, 키케로, 데카르트 같은 천재 사상가들의 저작을 열심히 읽고 소화해서 그들의 위대한 사고 능력을 자신의 것으로 만드는 독서법이다. 존 스튜어트 밀이 아버지 제임스 밀로부터 받았던 철학 고전 독서 교육은 고대로부터 서양의 상류 계층과 지식인 계층이 자신의 자녀를 지적 천재 또는 엘리트로 키우기 위해 사용해온 고전적인 독서법이라고 할 수 있다.

예컨대 15세기 이탈리아 피렌체의 통치자였던 메디치(Medici)나 르네상스 시대를 열었던 천재 인문학자 페트라르카(Petrarca)와 같은 사람들이 대표적이다. 이들은 공통적으로 철학 고전 독서 교육을 받았다.

레오나르도 다빈치도 철학 고전 독서로 자신의 두뇌를 변화시켰다. 신분 사회였던 중세에 사생아로 태어났던 탓에 철학 고전 독서 교육은커녕 정식 학교 교육마저 제대로 받지 못했던 다빈치는 상류 계층과 접촉하게 되면서 천재적인 사고 능력을 길러주는 독서법을 알게 되었고 이를 열심히 실천했다. 이 독서로 인해 다빈치의 예술 세계에 놀라운 깊이가 더해졌음은 말할 것도 없다.

꼴찌에다 왕따였던 처칠(Winston Churchill)은 두뇌 사용과는 전혀 거리가 먼 사람이었다. 그는 유년 시절에 가정교사로부터 책도 읽을 줄 모르는 아이였기 때문에 앞날이 심히 걱정된다는 절망스러운 평가를 받았다. 가정교사의 예측은 정확히 맞아떨어졌고, 처칠은 초등학교 때부터 고등학교 때까지 전교 꼴찌를 도맡아 했다. 게다가 왕따이기도 했다. 그런 처칠이 10대 중반부터 서서히 변화하기 시작했다. 영국 최고 가문의 딸이었던 어머니의 특별한 독서 지도 덕분이었다.

처칠의 어머니는 아들에게 존 스튜어트 밀의 독서 교육을 시켰다. 처칠은 하루도 빼놓지 않고 매일 5시간씩 독서를 했고, 2권 중 1권은 반드시 철학 고전을 읽었다. 마침내 처칠이 10여 년에 걸친 철학 고전 독서를 마쳤을 때, 그는 천재적 사고 능력의 소유자로 변해 있었다. 처칠은 놀랍게도 20대 중반에 국회의원에 당선된다. 한때 자신을 따돌렸던 동창들이 국회 사무실의 말단 보좌관 자리도 구하지 못해서 안달할 때 그는 당당히 의원 사무실의 주인이 된 것이다. 입체적인 사고 능력을 통해서 도출해낸 갖가지 전략을 자유자재로 구사하면서 국회를 장악했다. 그 뒤 그는 영국의 수상이 되었다.

《명견만리: 윤리 기술 중국 교육 편》^(인플루엔셜)의 <지식의 폭발 이후, 어떤 교육이 필요한가>에서는 지식 뱅크 시대에 가져야 할 통찰인 사고 능력을 기르는 방법을 소개하면서 프랑스의 철학 교육과 핀란드의 융합 교육을 소개하고 있다. 프랑스가 철학 수업을 고수하는 이유는 아이들의 사고 능력을 키우기 위해서이다. 철학 수업에서 학생들은 철학적 질문에 각자의 생각을 자유롭게 이야기한다. 200년 전통의 프랑스 대입 자격시험인 바칼로레아(Baccalaureate)는 우리나라의 수학능력시험과 같은 개념의 중요한 시험이다. 이 시험의 첫 관문이 철학 시험이다. 즉 프랑스의 대학 입학 자격시험은 '논술 및 철학'을 필수로 한다. 바칼로레아에 합격하면 특수 대학인 그랑제콜(Grandes Écoles)을 제외한 다른 모든 대학에 입학할 수 있는 자격을 부여받는다. 바칼로레아 시험의 특징은 문제들에 대한 정답이 없다는 것이다. 모범 답안이 없기에 스스로 생각하지 않으면 한 문장도 쓸 수 없다. 바칼로레아 시험은 200년이 넘는 시간 동안 프랑스 시민들에게 사고 능력을 길러준 위대한 도구였다. 프랑스는 무려 열흘에 걸쳐 치러지는 바칼로레아 시험에 매년 1조 원이 넘는 예산을 쏟아붓는다. 그만큼 학생들을 스스로 생각할 줄 아는 올곧은 시민으로 길러내는 데 심혈을 쏟고 있다.

세계 최고의 교육 강국이라 불리는 핀란드는 최근 '과목' 구분을 아예 없애버리겠다는 파격적인 교육 개혁을 선언했다. 수학, 문학, 영어, 물리와 같은 분류를 없애겠다는 것이다. 그 이유에 대해서 핀란드 교육부는 이렇게 얘기한다.

"기존에 있는 과목이란 개념은 20세기 초에 고안된 것입니다. 우리는 왜 21세기에 이걸 배우고 있는 거죠? 디지털 사회에선 교육

채찍질하는 부모
방향 없이 달리는 아이

시스템을 다시 생각해야 합니다."

그러면서 온라인을 통해 전 세계 지식을 쉽게 습득할 수 있는 상황에서 지식을 달달 외우는 것보다는 그 지식을 직접 응용하고 사회와 커뮤니케이션하는 능력임을 강조하고 있다. 어찌 보면 핀란드의 이런 공교육 개혁이 과감해 보이기도 하다. 융합 목적의 교육 시스템이란 점에 전 세계가 주목하고 있다. 그러나 우리나라의 교육은 어떤가? 사고 능력이 가장 중요한 실력으로 대두되고 있는 4차 산업혁명 시대에 핀란드의 교육 개혁을 주목할 필요가 있다.

후쿠타 세이지는 ≪핀란드 교육의 성공≫^(북스힐)에서 핀란드 교육의 몇 가지 특징을 말하고 있다. 첫째, 한 사람 한 사람을 소중히 하는 평등한 교육을 실시한다. 교육의 기본은 등수를 매기는 데 있는 것이 아니라 개개인의 발달을 지원하는 데 있다는 점을 철저히 하는 교육이다. 둘째, 학생들은 스스로 배우는 것을 교육의 기본으로 삼는다. 즉 경쟁 등으로 학습을 강요하지 않는다. 서로 가르치고 배우는 것을 소중히 여기며, 학생 각자의 페이스로 배워나가도록 노력하고 있다. 셋째, 학교 교육이 최대 효과를 올릴 수 있도록 교사를 전문가로서 신뢰하고 교사가 일하기 쉬운 직장을 만들고 있다. 사회 전체가 교사를 신뢰하며, 교사와 함께 문제를 해결하고자 하는 자세를 갖고 있다. 넷째, 교육받을 권리를 복지 정책으로 보장하고 있다. 핀란드는 교육의 기초를 가정의 문제라고 하며 방치하지 않는다. 가정에서 할 수 없는 경우 복지 차원에서 사회 전체가 해결하려 하고 있다는 점이다.

"핀란드는 전체적으로 성적이 좋다. 하지만 이보다 더 중요한 것은 다른 OECD 국가와 비교했을 때 사회적 배경이 학업에 미치는 영향이 훨씬 적다는 것이다. 이는 바로 모든 학생에게 균등한 기회를 제공하고 있는 현 교육 제도가 성공하고 있다는 증거다. 개인의 능력 차이는 물론 인정하지만, 아이의 성장에 영향을 주는 사회적, 경제적 배경의 격차는 어떻게 해서든 없애려고 하는 핀란드, 아이들 한 사람 한 사람을 사회가 확실히 받아들이는 곳이 핀란드라는 사회다."

- ≪핀란드 교육의 성공≫ 中에서

시험이 등수를 매기는 수단이 아니라 자신의 발전 과정을 파악하는 수단이 되는 곳,
학급당 학생 수가 20명이 채 되지 않은 학급에서 서로 다른 학생이 모여 협동하고 탐구하고 학습하는 곳,
어느 학교에 가더라도 똑같은 양질의 교육을 받을 수 있는 곳,
무엇보다도 아이들이 행복한 곳,
우리나라 학교도 이런 곳이 될 수는 없는 것일까?

교육이 상품화되고, 부모의 경제력과 정보력이 성적과 학교를 결정하고, 교육이 소수 부유층의 지배계급을 더욱 탄탄히 지탱하고 재생산하는 역할을 하는 우리나라의 현실을 핀란드의 교육 개혁을 통해 성찰해볼 필요가 있다.

우리 아이들이 밝고 건강하게, 그리고 올곧게 잘 성장할 수 있도록,

행복한 학교가 될 수 있도록,

교육의 기회가 공평하게 분배되도록,

학생, 학부모, 교사를 아우르는 사회적 합의가 절실한 때가 아닌가 생각한다.

4차 산업혁명 시대에 우리 아이들을 단순 지식을 암기해서 정답을 골라내고 정답만을 찾아내는 기계로 만들어서는 안 된다. 이미 많은 지식을 스마트폰으로 몇 초 안에 다 검색할 수 있는 시대이다. 앞으로의 경쟁력은 누가 어떤 지식을 얼마나 많이 알고 있는가가 아니라 그 많은 지식을 누가 어떻게 잘 활용해서 얼마나 새로운 것을 만들어낼 수 있는가에 달려있다. 지식 빅뱅 시대에 가장 중요한 실력은 바로 '사고 능력'이기에, 사고력과 통찰력, 지식을 융합할 수 있는 능력을 지닌 창조적인 사람으로 교육하는 방법을 모색해가는 것이 옳을 것이다.

$S=M^2 \times A+P^2+S^2-nT$: 1st P=Personality(인격)

≪행복의 비밀≫[21세기북스]의 저자 조지 베일런트(George Vaillant)가 참여한 '그랜트 연구'는 하버드대학교 출신들의 행복한 삶이 인성을 갖춘 인간관계를 통해 만들어졌다는 사실을 보여주고 있다. 1938년 하버드대학교에서 '하버드 그랜트 사회 적응 연구'라는 프로젝트를 시작했는데, 이는 하버드대학교에 입학한 268명을 대상으로 좋은 삶을 구성하는 것들과 그것을 향상시키는 조건이 무엇인지

를 밝혀냈다. 75년 동안 진행된 장기 프로젝트의 결과로 밝혀낸 가장 핵심적인 행복의 조건, 그리고 성공의 조건은 바로 인간관계를 긍정적으로 만들어간 사람의 '올곧은 인격'(Upright Personality)에 있었다.

4차 산업혁명 시대에 요구되고 있는 트렌드 중 하나는 '협업력'이라고 할 수 있다. 어떤 공통된 목적을 달성하기 위해 서로 각기 다른 재능이 모여 하나의 힘을 이루고 그것이 새로운 주류를 만들어내는 시대에는 모두가 같이 일하고 싶고, 함께 있고 싶은 올곧은 인격을 갖춘 인재가 필요하다. 앞으로 펼쳐지게 될 미래 사회는 감성을 기반으로 한 인간관계 속에서 인간의 가치를 더욱 중요시하는 사회가 될 것이다. 그렇기에 서로 다름을 인정해주고, 배려해주고, 타인의 기분과 감정을 헤아려주고, 공감해주면서 서로 협업할 수 있는, '일 잘하는 사람'보다 '같이 일하고 싶은 사람'이 성공하게 될 것이다.

선함 있는 지식이 강하다

우리 사회가 필요로 하는 인재는 오로지 자기 자신만을 아는 '이기적인 인재'가 아니라 남을 배려할 줄 아는 '이타적인 인재'이다. 미래 사회는 명문 학교를 졸업한 이기적인 '지식 엘리트'가 아니라, 남을 배려할 줄 아는 올곧은 인격을 갖춘 이타적인 '인성 엘리트'를 원하고 있기 때문이다. 그럼에도 우리나라의 학교 교육과 가정 교육은 무조건 성적이 우수한 지식 엘리트를 길러내는 데만 치우쳐 있는 것이 사실이다. 학교에서는 서울대학교를 몇 명 보냈느냐에 따라 명문 학교와 그렇지 않은 학교를 구분 짓고, 가정에서도 부모들은 아이들에게 오직

채찍질하는 부모
방향 없이 달리는 아이

공부만 열심히 하라고 윽박지르고 다그친다. 인성 교육을 등한시하는 현실 속에서 세계 최고의 명문 고등학교인 '필립스 엑시터 아카데미'(Philips Exeter Academy)를 생각하지 않을 수 없다.

하버드대학교가 선정한 미국 최고 명문고인 필립스 엑시터 아카데미의 인성 교육과 인재 교육을 담은 ≪세계 최고의 학교는 왜 인성에 집중할까?≫^(다신에듀)에서 볼 수 있듯이, 학교의 교육 철학의 핵심은 학생들의 마음과 도덕성을 기르는 데 있다. 지식이 없는 선함은 약하고, 선함이 없는 지식은 위험하다. 이 두 가지가 합쳐져서 고귀한 인품을 이룰 때 인류에게 도움이 되는 인성 엘리트가 될 수 있다. 이를 기반으로 자신만을 위하지 않고 타인을 더 존중하고 배려한다는 뜻을 가진 라틴어 'Non Sibi'의 정신을 실천하는 것이 이 학교의 교육 철학의 핵심이다.

필립스 엑시터 아카데미의 교육 철학은 다섯 가지로 요약할 수 있다.

1. 지식이 없는 선함은 약하고, 선함이 없는 지식은 위험하다.
   지식을 나누고 남을 배려하는 인성 엘리트가 되어라.
2. 질문은 있지만 정답은 없다.
   끊임없이 질문하고 토론하는 교실에서 협력 속에 지식을 쌓아라.
3. 자신을 매료시키는 것,
   진정 원하는 것,
   새로운 것에 파고들어 창의적 인재가 되어라.
4. 지성, 감성, 체력의 전 분야를 아우르는 전인적 인간이 되어라.
5. 대자연과 호흡하며 세계를 무대로 드넓은 꿈을 꾸어라.

다섯 가지 원칙 중 "지식이 없는 선함은 약하고, 선함이 없는 지식은 위험하다."라는 문장이 너무나 마음에 와닿았다. 같은 지식에서 파생된 기술이 때로는 사회를 발전시키는 도구가 되지만 때로는 전쟁이나 테러에 사용될 수도 있듯이, 지식은 그것을 사용하는 사람의 인성에 따라 극과 극을 이룰 수도 있다. 단순히 지식을 주입하는 게 교육이 아니라 그 지식을 잘 사용할 수 있는 인격적 사람을 키우는 것이 진정한 교육이 아니겠는가? 왜냐하면 선함 있는 지식이 강하기 때문이다.

인성 교육은 가정에서부터

초등학교 시절 학교에서 친구와 다투었다가 담임 선생님에게 회초리로 종아리를 맞고 복도에서 종일 손을 들고 있었던 기억이 지금도 생생하다. 어머니는 이 사실을 어떻게 아셨는지 집에 들어선 나에게 또다시 회초리를 들으셨다. 어머니가 회초리를 든 이유는 "내가 가정 교육을 제대로 하지 못해서 네가 학교에서 그런 못된 행동을 하게 되었고, 선생님에게 누를 끼쳤다."라는 것이다. 어머니의 교육 수준은 많이 낮았지만, 선생님에 대한 존경과 학교 교육의 신뢰는 대단하셨던 분이었다. 어머니는 학교에 가는 나에게 "공부 열심히 해야 한다."라고 하시기보다는 "선생님 말씀 잘 듣고, 친구들과 싸우지 말고 사이좋게 지내야 한다."라고 늘 말씀하셨다. 그 영향으로 나는 높은 도덕성을 요하는 목회자로서, 그리고 청렴해야 하는 교육자로서 한평생 교육계에 몸담고 힘든 교육의 길을 걸어가고 있다.

그러나 옛날보다 교육 수준이 상당히 높다는 요즘 어머니들은 가정에서의 인성 교육을 너무도 등한시하는 것이 사실이다. 오로지 공부만 잘하면 다 된다는 식으로 아이를 교육한다. 학교에서 아이가 잘못해서 선생님에게 꾸중을 듣기라도 할라치면, 아이가 무슨 잘못을 했는지 묻기도 전에 "왜 아이의 기를 죽이냐."라며 항의 전화를 하거나 학교에 찾아가 따져 묻기도 한다. 그런 부모의 모습을 보면서 아이는 자신의 잘못을 뉘우치기보다는 그것을 감추기 위해 부모에게 거짓말을 하게 되고, 부모는 "우리 아이는 절대 거짓말할 아이가 아니다."라며 아이의 말만 믿고 기를 살려준다는 의미로 학교에 와서 난리를 피우는 경우가 흔하게 일어난다. 이로 인해 아이는 점점 자신만을 생각하는 이기적인 아이로 자라게 되는 것이다. 부모가 아이의 기를 죽여서도 안 되지만, 아이의 기를 살려주기 위해서 아이의 잘못을 합리화하는 행동을 해서는 결코 안 되는 것이다.

국민적 공분을 샀던 텔레그램 N번 방 사건은 지금까지와는 차원이 전혀 다른 형태의 온라인 성범죄 사건이다. 단순히 단체 대화방에서 음란물을 공유하는 정도가 아니었다. 미성년자를 포함한 수십 명의 여성을 협박하고 길들여 노예처럼 학대한 집단 성폭행 범죄다. 조직적이고도 잔혹한 범죄 수법이면서 이전까지 알려진 디지털 성범죄와는 양상이 크게 달랐다.

방송인 A씨는 텔레그램 N번 방 사건을 두고 학교 인성 교육의 대실패라고 칭했다. 학교에 몸담은 교육자로서 참담함을 금할 길이 없다. 교육청마다 학생인권조례안을 만들어 시행하면서 학생 중심의 교육을 강조한 결과가 이런 것인가 싶기도 하면서 가슴이 저미

어오는 것을 느낀다. 학생인권조례가 시행된 지 10년이 지났다. 학교에서 학생의 인권을 존중하기 위해 아이들을 떠받드는 정책만 펼치게 된다면, 인성 교육은 가정에서도 학교에서도 이루어질 수 없게 될지도 모른다.

미래 사회를 주도해나가게 될 주인공인 우리 아이들을 올곧은 인격을 가진 품성이 착한 아이로 양육하는 데 있어서 가장 중요한 곳이 바로 가정이다. 가정에서 부모는 아이에게 기초 질서를 가르치고, 나눔과 봉사, 배려와 겸손, 협력, 양보 등을 가르쳐야 한다. 이 인성 교육이 학교 교육으로 이어지고 사회 교육으로 연계될 때, 세상은 아름다운 세상이 되고, 살맛 나는 세상이 되는 것이다. 인성 교육은 학교 교육과 사회 교육에 앞서 가장 먼저 가정에서 절대적으로 우선하여 이루어져야 한다는 것을 잊지 말아야 한다.

어느 일간지에 '글로벌 에티켓'이라는 주제의 광고가 있었다.
지하철에서 어떤 아이가 아이스크림을 먹고 그 껍질을 손에 들고 있었다.

그때 엄마가 아이에게 이렇게 말했다.
"껍질을 왜 안 버리고 있니?"
"쓰레기통이 없어요."
그러자 엄마는 아이에게서 아이스크림 껍질을 확 뺏어 바닥에 던지면서 이렇게 말했다.
"얼른 버려야지, 손에 지지 묻잖아?"

그때 아이가 엄마에게 하는 말이, "엄마! 학교에서 선생님이 아무데나 쓰레기 버리지 말라고 했단 말이에요."

"시끄러워!"

학교에서 아무리 열심히 도덕 교육을 하고 인성 교육을 한들 무슨소용이 있겠는가?

"거짓말해서는 안 된다."

"쓰레기를 아무 데나 버려서는 안 된다."

"무엇이든 나누며 살아야 한다."

"고운 말, 바른 말을 사용해야 한다."

"서로 양보하고, 서로 협력해야 한다."

"정직하게 행동해야 한다."

"사용한 물건은 늘 제자리에 놓아야 한다."

"자신이 어지럽힌 것은 자신이 치워야 한다."

"내 것이 아니면 가져가지 말아야 한다."

"다른 사람을 아프게 했다면 반드시 사과해야 한다."

학교에서 이렇게 아무리 인성 교육을 해도, 에티켓 광고에 나오는 어머니처럼 가정에서의 인성 교육이 제대로 이루어지지 않는다면 이 모든 것이 다 헛것이 되고 만다. 바람직한 인성 교육은 가정에서부터 시작하여 학교와 사회 교육으로 연계되면서 각기 제 기능과 역할을 다하게 될 때 온전히 완성되어 가는 것이다.

$S=M^2 \times A+P^2+S^2-nT$: 2nd P=Passion(열정)

미쳐야 미친다

우리 아이가 성공적인 인생을 살기 위해서 반드시 필요한 또 하나의 요소는 열정이다. 올곧은 인격(Upright Personality)에 열정(Passion)이 곱해질 때 아이는 빛나는 인생을 살게 될 것이다. 열정은 '어떤 일에 열렬한 애정을 가지고 열중하는 마음'을 의미한다. 아이가 10대에 품은 꿈이 꿈으로 끝나고, 비전이 환상으로 끝나고, 사명을 쉽게 포기하는 이유는 열렬한 애정을 가지고 꿈과 비전에 열중하는 마음, 즉 열정이 없기 때문이다. 꿈은 누구나 꿀 수 있고, 비전은 누구나 가질 수 있으며, 사명도 얼마든지 발견할 수 있다. 그러나 사명을 발견했다고 해서 누구나 그 사명(Mission)을 이루는 것은 아니다. 실력(Ability)이 있어야 하고, 그 실력을 더 빛나게 하고 실력에 날개를 다는 역할을 하는 인격(Personality)을 갖추어야 하며, 거기에 열정(Passion)이 더해져야 가능한 일이다. 요즘 10대들을 보면 피나는 노력과 뜨거운 열정이 보이지 않는다. 활기찬 모습은 찾아볼 수 없고 무기력하고 오로지 게임에만 파묻혀 있는 것처럼 보인다.

'불광불급'(不狂不及)이라는 말이 있다. "미쳐야 미친다."라는 뜻이다. 이루고자 하는 그 무언가에 미쳐야(狂) 목표에 도달(及)할 수 있다는 의미로, 열정이 있는 사람은 내가 그 무엇을 위해 살겠다는 확고한 신념이 있고, 오늘을 어떻게 사느냐보다는 내일 어떤 인생으로 살 것인가에 더 관심이 있다. 그래서 내일이 있기에 오늘의 어려움과 고난을 이겨내는 것이다. 열정으로 심장이 뜨거워진 사람

채찍질하는 부모
방향 없이 달리는 아이

은 꿈과 비전 외에 그 어떤 것도 눈에 들어오지 않는다. 그래서 소중한 시간을 낭비하지 않고 오직 꿈과 비전을 이루기 위해 피나는 노력을 하게 된다.

사람이 평소에 말하는 것을 보면 무엇에 열정을 가지고 있는지를 금방 짐작할 수 있다. 열정이 있는 사람은 주변 사람들로부터 "미쳤다!"라는 소리를 듣는데, 그것이 열정인 것이다. 사명이 결코 취미가 되어서는 안 된다. 사명에 미치고, 비전에 제대로 미치게 되면 내가 관심 있는 그것 말고 다른 것은 눈에 들어오지 않는다.

과학자가 되는 것이 꿈이고 비전인가? 과학에 미쳐야 한다.
방송계에서 일하는 것이 사명인가? 방송에 미쳐야 한다.
음악이 사명이라면 음악에 미쳐야 하고,
가르치는 것이 사명이라면 가르치는 것에 미쳐야 목표에 도달할 수 있는 것이다.

Stay hungry, Stay foolish

1955년에 세상에 태어난 스티브 잡스가 처음 짊어진 운명은 대학원생 미혼모의 아들로 태어났다는 것, 그리고 태어나자마자 부모에게서 버려졌다는 것이다. 버려진 스티브 잡스는 가난한 노동자 집안으로 입양이 되었는데, 어렵게 대학에 들어갔지만 6개월 만에 자퇴를 했다.

자퇴를 하고 자신이 관심이 있는 분야의 실력을 틈틈이 쌓으면서 일자리를 찾던 중 어렵사리 중소 비디오게임 회사 프로그래머로 입사하게 된다. 프로그래머로 일하면서 틈틈이 참가하던 아마추어 컴퓨터 모임에서 스티브 워즈니악을 만난다. 스티브 워즈니악은 휴렛팩커드에서 일하던 아주 훌륭한 인재였다. 그는 스티브 잡스가 제안한 컴퓨터 사업 구상에 매료되어 함께 회사를 차리기로 하고 새 회사 이름을 '애플'이라고 정했다. 이때가 1976년도였다. 돈은 물론 없었고, 이들이 가진 것은 고작 기술, 창의성, 그리고 패기와 열정뿐이었다. 그러나 이들은 기술과 창의성, 열정을 가지고 똘똘 뭉쳐 그 이듬해인 1977년도에 세계 최초로 개인용 컴퓨터(PC) '애플'을 만들어냈다.

이 컴퓨터는 출시된 지 3년 만에 미국 컴퓨터 시장 점유율 15%를 달성했다. 남부러울 것이 없는 시간의 연속이었다. 그런데 스티브 잡스에게도 시련이 찾아왔다. 애플은 최고의 기술을 자랑하면서 타제품과의 호환을 거부했다. 스티브 잡스는 우리의 기술이라면 타제품과의 호환 없이도 얼마든지 살아남을 수 있다고 생각했던 것이다. 그러나 당시 80년대 초부터 PC 사업에 본격적으로 뛰어든 회사가 있었으니 바로 IBM이었다. 이 IBM은 타제품과 호환성을 강조하면서 맹위를 떨쳤고, 결국 애플은 IBM에 역전을 당하고 말았다.

애플은 전문 경영진을 영입해서 회사를 운영하던 중이었다. 경영진은 실적 악화를 이유로 들어, 스티브 잡스의 독단을 막기 위해 1985년 그를 해고했다. 자신이 세운 회사에서 해고당하는 웃지 못할

채찍질하는 부모
방향 없이 달리는 아이

일이 발생하고 만 것이다. 이렇게 쫓겨난 스티브 잡스는 몇 개월 동안 방황을 하다가 다시 마음을 잡고 처음부터 시작하자는 생각으로 스프트웨어 업체인 '넥스트'를 창립하고 1986년 애니메이션 회사인 '픽사'를 인수한다. 스티브 잡스의 새로운 시도는 대성공이었다.

그 후 10년에 걸쳐 노력한 끝에 만든 세계 최초 3D 애니메이션 영화 <토이 스토리>(1997)가 히트를 치고, 이후 <니모를 찾아서>, <인크레더블>도 잇달아 흥행하게 된다. 그리고 1997년 픽사와 함께 애플 CEO로 다시 복귀한 스티브 잡스는 무너져가던 애플을 기적적으로 기사회생시켰다. 블루베리, 오렌지 등과 같은 톡톡 튀는 신세대 노트북을 만들어내면서 다시 주목받게 되었고, 이후 MP3 플레이어, 아이팟으로 음악 시장 패러다임을 바꿔놓기도 했다.

그런 그에게 2006년 또 한 차례 시련이 닥쳐왔다. 췌장암 판정을 받고 말았던 것이다. 6개월밖에 살지 못한다는 선고를 받았지만, 스티브 잡스는 결국 그 암마저도 극복하고 아이폰 신화를 만들어냈다. 그가 한 연설 중 스탠퍼드대학교 졸업식에서 한 연설이 명연설로 꼽히는데, 그가 마지막으로 졸업생들에게 당부한 내용은 바로 "Stay hungry, Stay foolish."였다. "늘 갈망하고, 우직하게 나아가라."라는 뜻이다. 목마른 사슴이 그토록 간절하게 물을 찾는 심정으로 자신의 꿈과 비전을 갈망하고, 이것저것 앞뒤만 재며 생각하지 말고, 바보처럼 우직하게 나아가라는 뜻을 담고 있는 말이 아니겠는가? 스티브 잡스의 이름 앞에 붙는 수식어들이 있다. 'PC의 아버지', '혁신의 아이콘', '스마트폰 혁명의 주인공' 등등. 그는 지난 2011년 향년 56세로 지병을 이기지 못하고 세상을 떠나고 말았다.

"Stay hungry, Stay foolish." 꿈과 비전을 갈망하면서 열정적으로 그 꿈과 비전을 향해 실력을 쌓고 올곧은 인격을 갖추어나갈 때, 세상이 감당치 못하는 큰 사람이 될 수 있다는 것을 보여주는 말이다.

$S=M^2 \times A+P^2+S^2-nT$:
1st S=Servant Leadership(섬김의 리더십)

성공하는 리더가 갖추어야 할 리더십은 '섬김의 리더십'(Servant Leadership)이다. 섬김의 리더십은 '타인을 위한 섬김에 초점을 두고, 공동체를 최우선으로 여기면서 그들의 욕구를 만족시키기 위해 헌신하는 리더십'이라고 할 수 있다. 섬김의 리더십의 핵심은 존재의 평등성에 기초하여 타인을 이해하고 배려한다는 점이다. 섬김의 리더십의 특성을 몇 가지로 요약할 수 있다.

> 첫째, '인내'이다. 위기 상황일수록 인간은 여러 가지 충동을 억제하기 힘들다. 이런 상황에서 충동이 아닌 원칙에 따라 대응할 수 있는 인내심을 함양하는 것이 리더십의 본질이다. 특히 인간관계에서 인내와 자제를 중시하며 감정을 앞세우지 않고 분노를 잘 참을 줄 알아야 한다.

> 둘째, '친절'이다. 친절은 타인을 향한 관심과 이해, 격려의 표현이면서 동시에 타인에 대해 예의를 갖추는 것을 의미한다. 모든 인간의 내면에는 인정받고자 하는 욕구가 숨어있다. 친절은

이런 인간의 욕구를 충족시킬 수 있는 중요한 속성이다.

셋째, '겸손'이다. 겸손은 진실하고 가식이 없으며 거만하거나 뽐내지
않는 것을 의미한다. 겸손한 리더는 언제나 타인의 말을 경청
하며 반대 의견도 폭넓게 수용한다. 또 타인의 가치를 인정하
고, 스스로를 높이기 위해 애쓰지도 않는다.

넷째, '존중'이다. 훌륭한 리더는 언제 어떤 경우든 주변 사람을
소중한 존재로 대한다. 섬김의 리더는 모든 사람을 소중한
존재로 여길 뿐만 아니라 직무와 책임의 차이가 있을 뿐이
라고 여긴다.

다섯째, '무욕'이다. 무욕이란 타인의 욕구를 충족시키는 것을 의미한
다. 타인을 위해 봉사하고 희생하고 헌신하면서, 타인을 고치
고 변화시키는 것이 아니라 자신을 변화시키고 발전시키는 것
을 의미한다.

황금률(Golden Rule)과 백금률(Platinum Rule)을 아는가? 성경의
황금률은 "그러므로 남에게 대접을 받고자 하는 대로 먼저 남을 대
접하라."(마7:7)이다. 이 말씀은 어떻게 보면 모든 인간의 기본 욕
구는 다 똑같다는 의미이다. 그리고 욕구가 같다는 의미는 내가 대
접을 받고 싶으면 상대방도 똑같이 대접을 받고 싶다는 것이다. 그
렇기에 남에게 대접을 받고자 하는 대로 남을 먼저 대접하라는 논
리가 바로 성경의 황금률이다.

내가 싫으면 상대방도 싫을 것이고, 내가 좋으면 상대방도 좋을 것
이다. 내가 칭찬받기를 원하면 남을 칭찬하라. 그리고 자기가 싫

은 것은 남에게도 하지 마라. 이것이 황금률이다. 그렇다면 백금률은 무엇인가?

황금률은 많이 들어보았지만 백금률은 생소한 단어일지도 모르겠다. ≪Platinum Rule≫(Warner Business Books)은 인터넷 서점 '아마존'에서 오랫동안 베스트셀러가 된 책인데, 마이클 오코너(Michael O'Connor) 교수와 토니 알렉산드라(Tony Alessandra) 박사가 쓴 책이다.

언급했듯이 황금률은 인간의 욕구는 기본적으로 다 똑같으므로 "남에게 대접을 받고자 하는 대로 먼저 남을 대접하라."이다. 그러나 백금률은 그렇지 않다. 상대가 원하는 방식대로 그를 사랑하라는 것이다. 왜냐하면 사람마다 기본적으로 욕구와 성향이 다르기 때문이다. 입맛이 다르고, 취미가 다르고, 가치관이 다르고, 꿈꾸는 것이 다르고, 이상이 다르기 때문이다.

이렇게 사람마다 추구하는 것이 다 다르기 때문에, 부득불 내 생각을 버리고 상대방이 원하는 대로 그를 대하라는 것이 백금률의 핵심이다. 즉 백금률은 상대방의 수준에서 상대방의 성향으로 대하라는 것인데 상대방의 취향, 상대방의 수준과 입장, 그리고 상대방의 욕구에 따라 그 방법대로 상대방을 대해야 한다는 것이다.

미래 사회에 우리 아이들이 성공적인 인생으로 살아가려면 '백금률'에 따라 살아가라는 내용이다. 어찌 보면 상대방의 마음을 읽을 줄 알아야 한다는 말로 해석된다. 그리고 상대방의 마음을 읽는다는 것은 '상대방의 마음을 얻는 일'이기도 하다. 살아가면서 겪는 어려운 일이 많이 있지만, 가장 어려운 일은 생텍쥐페리의 ≪어린 왕자≫에 나오는 말처럼 '상대방의 마음을 얻는 것'일지도 모르겠다. 그럼에도 상대방의 욕구를 충족시키기 위해 상대방의 마음을 알고 그 수준에 맞추는 사람, 그런 사람이야말로 성공하는 사람이다.

여섯째, '용서'이다. 용서는 적대감을 극복하는 것을 말하는데, 리더의 주변에는 예외 없이 상처를 주고, 갈등을 일으키는 사람들이 있기 마련이다. 그러므로 훌륭한 리더는 타인의 한계와 불완전함을 인정하고 인내하는 습관을 길러야 한다. 아울러 사람들로 인해 상처받거나 낙심하면서 생겨나는 적대감을 극복하는 기술도 익혀야 한다.

일곱째, '정직'이다. 정직은 자신과 남을 속이지 않는 마음이다. 특히 정직은 인간관계에서 중요한 신뢰를 형성하는 가장 큰 요소이다. 정직한 리더와 일하는 사람은 자신의 행동에 대해서도 무거운 책임 의식을 느낀다.

여덟째, '헌신'이다. 헌신은 '어떤 일이나 남을 위해서 자신의 이해관계를 생각하지 않고 몸과 마음을 바쳐 있는 힘을 다하는 것'을 의미한다. 내면에서 울리는 양심의 소리를 들으면서 도덕적 용기를 가지고 올바른 길을 추구하겠다는 의지와 결단이 섬김의 리더에게 필요한 특성이다.

아홉째, '권위'이다. 권력과 권위는 다른 의미가 있다. 권력은 '타인의 선택 여부와 상관없이, 자신의 지위나 힘을 이용하여 타인이 자신의 의도대로 행동하도록 강요 또는 강제하는 능력'이다.

반면에 권위는 '자신의 개인적 영향력을 통해 타인이 자신의 의도대로 기꺼이 행동하도록 하는 기술'을 뜻한다. 따라서 권력과 권위는 엄연히 다르다. 섬김의 리더십은 '권위'에 기반을 두고 형성된다고 볼 수 있다. 즉 타인의 욕구를 충족시키기 위한 봉사와 희생, 나눔과 헌신의 정신으로부터 형성된다.

리더십은 사람을 변화시키는 영향력이다. 진정한 리더는 스스로 리더라고 주장하기보다는 다른 사람의 인정을 통해 검증되는 것이다. 함께 움직이는 리더야말로 진정한 리더라고 할 수 있으며, 최고 리더십의 새로운 패러다임은 바로 '섬김의 리더십'이다. 이렇듯 섬김의 리더십이란 인간 존중과 사람에 대한 사랑을 바탕으로 다른 사람을 섬기는 자세라고 할 수 있다.

섬길 줄 아는 사람만이 다스릴 자격이 있다

미국의 닉슨 대통령 당시 보좌관으로 일하면서 정치적인 권력을 누렸던 찰스 콜슨(Charles Colson)은 그의 회고록에서 미국 의회 역사상 가장 감동적인 순간을 마더 테레사 수녀가 미국 국회를 방문하여 연설했던 때라고 기록하고 있다. 매스컴을 통해서 볼 수 있듯이, 대통령이나 유명 인사들이 의회에서 연설하면 관중은 한마디 할 때마다 박수를 치고, 또 감동적인 연설에 대해서는 전부 일어서서 기립 박수를 치기도 한다.

이런 자리에 마더 테레사 수녀가 연설자로 초대된 것이다. 그런데 이상하게 마더 테레사가 연설을 마쳤는데도 아무도 박수를 치지 않았고 오히려 침묵만이 감돌았다. 마더 테레사가 형편없이 연설한 것이 아니었다. 숨 막히는 감동과 전율이 의원들의 가슴을 눌러 누구도 박수를 칠 여유조차 없었던 것이다. 그렇다면 그 이유가 뭘까? 마더 테레사가 연설의 마지막에 무슨 말을 남겼기에 감동과 전율이 그토록 이들의 심금을 울렸을까?

"섬길 줄 아는 사람만이 다스릴 자격이 있습니다."

"진정한 지도자는 섬김으로 백성을 다스린다는 의미인데, 당신들은 지금 그 섬김으로 백성을 다스리고 있습니까?"라는 질문이었다. 이 질문에 모든 의원은 얼음이 되어버렸다. 섬김 없이 백성들을 다스려 온 자신의 모습을 성찰하게 한 일침이라고 할 수 있다. "섬길 줄 아는 사람만이 다스릴 자격이 있습니다." 이 짧은 한마디에는 마더 테레사가 살아온 모든 삶의 내용이 다 함축되어 있다고 할 수 있다.

소록도의 천사

2005년 우리의 가슴을 찡하게 하는 일이 있었다. 한센병 환우들이 모여 사는 전남 고흥군 소록도에서 43년간 봉사하다 홀연히 본국 오스트리아로 떠난 마리안느(71), 마가렛(70) 수녀의 사연이었다.
"헤어지는 아픔을 드릴 수 없어 말없이 떠납니다."

이들이 소록도에 들어온 것은 1962년 6월. 그리스도왕의 시녀회 소속으로 간호사 자격을 가진 20대 후반의 나이였다. 사람들이 저주받은 병이라고 외면하는 한센병 환우들을 돕기 위해 소록도를 찾앉던 것이다. 이들은 당시 국내의 열악한 치료 여건 때문에 오스트리아에서 보내온 의약품과 지원금 등으로 온갖 사랑을 베풀었다. 환우들의 강력한 만류에도 불구하고 장갑도 끼지 않은 채 상처에 약을 발라주면서 헌신적인 치료 활동을 했다.

두 수녀는 외국 의료진을 초청해 장애 교정 수술을 하고, 물리치료기를 도입해 환우들의 재활 의지를 북돋아 주기도 하고, 한센병 자녀를 위한 영아원을 운영하며 보육과 자활 정착 사업을 하는 등 정부도 나서지 않은 일을 척척 해냈다. 한국 생활에 익숙해진 두 수녀는 구수한 전라도 사투리를 구사하고 한글까지 깨우친 '한국 할머니'의 모습으로 변했다. 주민들은 그들을 '할매'라고 불렀다. 하지만 평생의 선행에도 불구하고 그들은 세상에 알려지는 것을 극구 꺼렸다. 그동안 국내외 수많은 언론이 그들의 선행을 알리기 위해 소록도를 찾았지만, 인터뷰는커녕 사진 한 장 찍지 못하고 돌아가야만 했다. 수백 장의 감사장과 공로패가 전달되었지만 전부 되돌려졌다. 1996년에 받은 '국민훈장 모란장'이 이들이 받은 상훈의 전부였다.

두 사람은 떠나기 하루 전 병원 측에 이별을 통보했다. 주민들에게는 아픔을 준다며 "사랑하는 친구 은인들에게"라는 편지 한 장만 남기고 이른 새벽 아무도 모르게 섬을 떠났다. 가지고 돌아간 짐이라곤 한국에 들어올 때 가지고 온 낡은 여행 가방 하나가 전부였다. 편지에서 이들은 "나이가 들어 제대로 일을 할 수도 없고, 자신들이 있는 곳에 부담을 주기 전에 떠나야 한다고 동료들에게 이야기했었는데 이제 그 말을 실천할 때라 생각했다."라고 하면서, "부족한 외국인으로서 큰 사랑과 존경을 받아 감사하고 저희들의 부족함으로 마음 아프게 해 드렸던 일에 대해 이 편지로 미안함과 용서를 빈다."라며 말문을 흐렸다.

그토록 큰 봉사와 희생을 한평생 실천하고도 오히려 그 부족함을 말하는 두 수녀의 모습에서 우리 사회, 우리 시대에 진실로 필요한 크나큰 사랑이 느껴졌다. 진정한 의미의 겸손이 무엇인지를 깨닫게 해준 두 수녀님은 '살아있는 성녀'로 칭송받기에 조금도 부족함이 없는 분들이 아닌가 생각한다. 우리가 살아가는 시대에 진정한 섬김이 무엇인지를 보여준 참으로 소중한 분들이 아닐 수 없다.

$S=M^2 \times A+P^2+S^2-nT$:
2nd S=Spiritual Intelligence(영성 지능)

4차 산업혁명 시대에 당면하고 있는 문제는 개인의 가치관 혼란과 갈등으로 가정의 위기와 붕괴, 교육의 비인간화와 경직화, 경제의 혼미와 위기, 정치의 파국과 혼란, 도덕성의 타락과 무질서, 기근과 기아, 환경오염과 생태계 파괴, 인종 문제와 핵 문제 등이다. 또한 우리는 도덕성과 윤리성 상실의 시대에 살고 있다. 이로 인해 특별히 청소년들의 문제는 더욱더 심각한 것이 현실이다. 입시 스트레스로 인해 스스로 목숨을 끊는 일과 10대들의 범죄는 이미 도를 넘은 지 오래다.

이렇게 연결고리 없이 단편적으로 이루어지는 삶과 그런 개인들이 살아가면서 함께 어울리지 못하는 공동체 의식의 결여는 몇몇 사람들의 문제가 아니라 사회 전체의 문제가 되었다. 이성적이고 합리적인 사고(IQ)를 하는 존재인 인간의 공동체 속에서 왜 이런 심각한 문제들이 일어나는 것일까? 세상을 함께 아우를 수 있는 능력을 지닌 존재답게 정말 살기 좋은 아름다운 세상을 만들 수는 없을까? 이성적이고 합리적인 세상만을 그려온 우리는 이제 제3의 지능을 회복할 필요가 절실해진 것이다.

우리가 당면하고 있는 문제들을 해결하는 데 있어서 IQ나 EQ만으로는 충분치 않다. 즉 우리가 당면한 문제들은 이성적인 지능만으로는 해결할 수 없으며 이 문제를 다룰 수 있는 어떤 지능을 계발할 필요가 있다. 그것이 바로 제3의 지능이라 할 수 있는 '영성 지능'(SQ)이다. 20세기 초반에 지능지수(IQ)가 중요한 쟁점이었고, 20세기 말에는 감성지수(EQ)가 등장했다. 4차 산업혁명 시대에는 영성과 영성 지능(SQ)이 우리 삶에 중요한 코드가 되고 있다.

이런 맥락에서 인류의 심각한 문제를 새로운 패러다임으로 해결하려는 노력이 진행되고 있다. 그 교육적 도구가 바로 '영성 지능 개발 교육 '이라 할 수 있다. '영성'이란 용어 때문에 종교가 개입되는 것 아니냐는 오해를 불러일으킬 수 있지만, 엄밀히 말해 종교인이나 비종교인이나 인간이라면 누구나 '영성'(Spirituality)을 가지고 있다. 따라서 자기에게 유리한 종교적 잣대로만 해석하지 않는다면, 영성 지능 개발은 이 시대의 문제점을 해결할 수 있는 소중한 통로가 될 뿐만 아니라 4차 산업혁명 시대에 당면한 문제들과 함께 더불어 살아가야 할 아이들에게 꼭 필요한 교육이 될 것이다.

교육심리학자 하워드 가드너는 알프레드 비넷의 IQ와 다니엘 골만의 EQ 외에 인간에는 크게 8가지 지능이 있다고 밝혔다. 그의 '다중지능 이론'은 일반적으로 통용되고 있다. 다중지능 이론에 따르면, 인간에게는 언어 지능, 음악 지능, 논리수학 지능, 공간 지능, 신체운동 지능, 인간친화 지능, 자기성찰 지능, 자연탐구 지능이 있다. 영성 지능은 이 8가지 지능 외 새로운 9번째 지능으로 최근 주목받고 있다.

초창기 영성 지능의 이론적 토대를 형성하는 데 크게 기여한 사람은 캘리포니아주립대의 에먼스(Emmons) 교수였다. 9번째 지능인 영성 지능은 인간 존재의 이유나 삶의 근원적인 가치, 행복의 의미를 추구하는 능력을 나타내는 지능이라고 할 수 있다. 나아가 영성 지능은 나보다는 우리를, 성공보다는 가치를 따르게 하는 힘을 가지고 있다. 실용적 학문에만 치중한 나머지 모든 분야에 있어서 인류가 고도로 발전한 것은 사실이지만, 단절된 관계 속에서 일어나는 문제는 더 커져만 가고 있다. 광활한 우주와 거대한 사회 속에서 나는 누구이고, 무엇을 위해 살아가는지에 대한 성찰이 부족하여 많은 부작용이 나타나면서, 이렇게 영성 지능이 주목을 받고 있다.

9번째 지능인 영성 지능이 뛰어난 사람은 다음 질문을 통해 남다른 사색을 하며 삶의 통찰력을 가지게 된다.

우리는 누구인가?

우리는 어디에서 왔으며 어디로 가는가?

미래에 우리는 어떻게 될 것인가?

왜 우리는 존재하는가?

삶, 사랑, 죽음의 의미는 무엇인가?

우리의 이해 밖에 존재하는 자와의 관계, 그 본질은 무엇인가?

이런 질문에 대해 고민하다 보면 내가 아닌 타인을 먼저 생각하게 되고, 더 큰 가치를 만들어가는 방향을 생각할 수밖에 없다. 이는 종교와 상관없이 윤리적인 사람을 키워야 한다는 결론에 이르게 된다. 4차 산업혁명 시대에 일어나는 부작용 중 매우 도덕적인 사람들이 종교적이지 않을 때도 있고, 매우 종교적인 사람들이 도덕적이지 않을 때도 있다. 비합리적이고, 비논리적이고, 자기중심적일 때도 많다. 문제는 양심이다. 보편적인 양심 말이다. 내면의 소리라고 할 수 있는 보편적인 양심은 공정, 정직, 존중, 헌신, 희생, 나눔, 봉사에 대한 감각을 의미하는데, 이런 것들은 시대와 문화를 초월해서 존재한다. 즉 보편적인 양심은 옳은 것을 확인시켜 주고, 그것의 실행을 재촉하는 내면의 조용하고 작은 소리라고 할 수 있다. 이 보편적인 양심이 9번째 지능인 영성 지능과 관련이 있다.

간디는 양심을 저버리는 7가지 악행이 우리를 파멸시킬 것이라고 말했다. 그 7가지 악행을 주의 깊게 검토해보면, 비양심적이며 무원칙하거나 무가치한 수단을 통해 어떻게 목적이 달성되는지 알 수 있다.

- 노동하지 않고 얻는 부
- 양심을 무시하고 느끼는 즐거움
- 성품에 기초하지 않은 지식
- 도덕성 없이 이루어지는 상거래
- 인간을 생각하지 않는 과학
- 희생 없는 종교
- 원칙 없는 정치

훌륭한 목적들이 이렇게 악한 수단으로 달성될 수 있다는 것이 흥미롭지 않은가? 그러나 부정한 수단을 통해 훌륭한 목적을 달성한다면 손에 잡힌 듯한 그 목적은 결국 달아나고 말 것이다. 예컨대 상거래를 해보면 정직하고 약속을 잘 지키는 사람이 누구이고, 이중성을 보이고 속임수를 쓰며 정직하지 못한 사람이 누구인지 금방 알 수 있다.

다음은 보편적인 양심에 기초한 영성 지능으로 인류를 살리는 7가지 선한 행위들이다.

- 땀 흘려 노동해서 얻는 부
- 양심을 지킴으로 얻은 즐거움
- 성품에 기초한 지식
- 도덕성으로 이루어지는 상거래
- 인간을 먼저 생각하는 과학
- 희생 있는 종교
- 원칙 있는 정치

이런 선한 행위들은 모두 '영성 지능'에 기초한 것들이다. 살아

움직이는 보편적인 선한 양심의 명령에 따라 자신이 세상에 필요한 존재라는 의식을 가지고 일할 때, 나보다는 타인을, 공동체를 먼저 생각하게 된다. 영성 지능이 높은 사람은 타인을 이해하고 공감하는 능력과 사회정의를 추구하는 능력이 뛰어나다고 할 수 있다. 훌륭하다고 평가되는 사람들은 대부분 이런 영성 지능이 일반 사람들보다 훨씬 높다는 연구 결과도 있다. 무엇보다 인류의 밝은 미래를 위해서 반드시 발달시켜야 하는 영성 지능은 어린 시절 교육을 통해 충분히 높일 수 있다. 미래를 이끄는 능력으로 최근 주목을 받고 있는 까닭이다. 영성 지능이 높은 영적 천재라고 한다면 간디, 마더 테레사, 마틴 루터킹 목사와 같은 분들이다. 교육의 목적은 인간을 인간답게 키우는 것이다. 9번째 지능인 영성 지능을 개발하지 않는다면, 앞으로 미래 사회는 더욱더 어두울 수밖에 없다. 전쟁과 환경파괴, 인종 청소와 같은 인류의 재앙을 막기 어려울 것이다.

$S=M^2 \times A+P^2+S^2-nT$:
nT=negative Thinking(부정적인 생각)

성공 방정식을 완성하는 마지막 요소는 '부정적인 생각'(negative Thinking)을 빼내는 것이다. 성공하고자 하는 마음(Mind)이 강하고, 시대적 사명(Mission)을 발견하며, 거기에 올곧은 인격(Upright Personality)과 열정(Passion)을 곱하고, 섬기는 리더(Servant Leadership)로서 갖추어야 할 덕목에 영성 지능(Spiritual Intelligence)을 높인다. 그리고 이 모든 것에서 부정적인 생각(negative Thinking)을 제하게 되면 이 시대에 선한 영향력을 끼치는 아이로, 나라와 민족을 위해, 그리고 세계를 위해 새로운 역사를 일으키는 훌륭한 아이로 성장하게 될 것이다. 문제는 '부정적인 생각을 어떻게 제거할 수 있는가'이다.

부정성의 효과 vs 긍정적 편향

사람은 부정적인 것에 더 영향을 받는 경향이 있는데, 이것을 심리학에서는 '부정성의 효과'(Negativity Effect)라고 한다. 부정적인 말과 긍정적인 말을 동시에 들었을 때 부정적인 말이 더 마음 깊이 새겨지고, 그것에 더 큰 영향을 받는다. 또한 부정적인 말을 먼저 듣고 나면, 나중에 아무리 긍정적인 말을 들어도 그것을 받아들이기가 어려워진다. 그래서 소위 한번 찍힌 사람들은 그것을 되돌리기가 여간 어려운 것이 아니다.

사람들은 일반적으로 다른 사람에 대해 부정적인 평가를 하기보다는 긍정적인 평가를 하는 경향이 있는데 이것을 '긍정적 편향'(Positive bias)이라고 한다. 이런 경향성은 다른 사람에 대해 악평을 하기보다는 관대하게 봐주려는 경향을 나타내는 것으로서 '관용 효과'(Leniency effect)라고 불리기도 한다. 그러나 한 사람에 대해서 좋은 평과 나쁜 평을 함께 접하게 되면, 좋은 평보다 나쁜 평이 전체 인상을 결정하는 데 중요한 역할을 하는 경향이 있다.

어떤 사람의 장단점에 대한 정보의 양이 비슷할 때, 우리는 그 사람에 대해서 중립적인 이미지를 형성하는 것이 아니라 부정적인 이미지 쪽으로 기울어진다. 이것은 스스로에 대해서도 그대로 적용된다. 성장하면서 이런저런 실수를 반복한 경험이 많거나 실패한 경험이 많은 사람은 자신감이 결여될 수 있다. 왜냐하면 자꾸만 부정적인 경험을 가지고 자신을 보려고 하기 때문이다. 이것을 일명 '부정적인 자아상'이라고 한다.

인도나 태국에서는 야생 코끼리를 길들이기 위해 어린 코끼리를 유인해서 우리 안에 가둔다. 그리고 발에 굵은 쇠사슬을 채우고 쇠사슬의 한쪽 끝을 튼튼하고 우람한 나무 기둥에 묶어둔다. 아기 코끼리는 어떻게든 쇠사슬에서 벗어나려고 발버둥을 쳐보지만, 우람한 나무 기둥은 꿈쩍도 하지 않는다. 아기 코끼리는 발버둥 치기를 반복하면서 쇠사슬에서 벗어나는 것이 불가능하다는 사실을 깨닫게 된다. 이런 과정을 거치면서 코끼리는 이른바 후천적 무력감을 학습하게 되고, 결국은 쇠사슬의 길이를 넘어서는 행동을 포기하게 된다. 그래서 다 성장한 뒤에도 쇠사슬이 아니라 가느다란 밧줄로 작은 나뭇가지에만 묶어놓아도 도망가지 못한다.

어쩌면 코끼리의 후천적 무력감이 바로 우리 '자아'가 처한 현실인지도 모른다. 대부분 사람은 나이를 한 살씩 먹어가면서 코끼리처럼 스스로 정한 한계에 점점 익숙해져 간다. 자아를 한계 속에 가두고 살아가는 꼴이다.

오프라 윈프리(Oprah Winfrey)

생각과 말의 힘을 빌려 부정적인 자아상을 극복한 대표적인 사람이 오프라 윈프리이다. 그녀는 미국에서 토크쇼의 여왕으로 불리며 ABC 방송의 <오프라 윈프리 쇼>를 진행한다. 미국 최초의 흑인 앵커이기도 한 그녀의 영향력은 대단하다. 그녀의 쇼는 미국 전역에서 1억 4천만 명이 시청하고, 그녀가 TV에 나와서 책 한 권을 들고 "이 책은 정말 좋습니다. 한번 읽어 보세요." 하면 단번에 베스트셀러, 아니 밀리언셀러가 될 정도이다. 지난(2020.4) 신종 코로나바이러스 감염증과 관련해 어려움에 처한 미국인들을 돕기 위해 122억을 기부하기도 했다.

그런데 그녀의 삶을 들여다보면 눈물과 아픔 그 자체였다. 18세 미혼모에게서 태어나서 어린 시절을 외할머니 손에서 자라며 매일 몽둥이로 맞고 마구간으로 쫓겨 가서 쭈그리고 앉아 기도했다.

"하나님, 나 백인 되게 해주세요. 백인은 자기 자식을 안 때리는데 왜 흑인들은 이렇게 맞나요?"

그러던 중 아홉 살 때 십 대의 친척에게 성폭행을 당하고, 19세 때까지는 다른 여자와 함께 사는 아버지 집에서 자랐다. 이런 환경에서 그녀는 꿈을 품기는커녕 마약을 하고 강간을 당하기도 하고, 미혼모가 되기도 하며 소녀 감호원에 출입하게 되었다. 그런데 어느 날부터 차츰 그녀의 가슴 속에 "언젠가 사람들에게 내가 무엇인가를 해낼 수 있다는 것을 꼭 보여주고 말겠다."라는 강력한 소망과 뜨거운 열정이 생기기 시작했다.

이런 긍정적인 생각과 말은 곧 그녀를 최고의 토크쇼 진행자로 만들어주었다. 어느 날 그녀가 진행하는 토크쇼의 주제가 '성폭행'이었다. 방송이 시작되고 성폭행을 당한 피해자들이 나와서 자신들이 당한 끔찍한 일과 고통을 이야기하고 있었다. 눈물을 흘리면서 그들의 이야기를 듣고 있던 오프라 윈프리는 갑자기 자리에서 일어나더니 성폭행을 당한 한 여성을 껴안고 울기 시작했다. 그리고는 자신의 이야기를 솔직하게 다 털어놓았다.

오프라가 그 여성에게 한 말은 "I know your pain."이었다. "나는 너의 아픔이 무엇인지 잘 안다."라는 것이다. 그 한마디에 방송국에 있던 모든 사람, 전국에서 TV를 시청하고 있던 모든 사람이 울었다.

그런데 이후 연예 잡지와 신문, 방송들이 오프라 윈프리를 비난하기 시작했다. 그녀의 과거를 들춰내기 시작했던 것이다.

"윈프리는 14세 때 미혼모였다."
"아이를 낳다가 애가 죽었다."
연일 신문에서 보도하기 시작했다.

그런데 그 일에 대해 오프라 윈프리는 눈 하나 깜짝하지 않았다. 그녀를 비판하는 사람들이 그녀의 과거를 들먹일 때마다, 오히려 1억 4천만 시청자들은 이렇게 말했다.

"So what?"
"그래서 그게 뭐 어쨌다는 거냐? 그러니 오프라 윈프리 아니냐?"

그녀의 과거가 어땠는지는 어느 누구도 관심이 없다. 지금 그녀가 자신의 쇼를 진행하며 시청자들에게 다양한 즐거움을 주고, 자신이 벌어들인 돈을 가난한 사람들을 위해 선뜻 내어놓는 참된 성공자라는 사실이 중요하다. 어느 누가 그녀의 과거 부정적인 자아상에서 이토록 멋진 미래를 예측할 수 있었겠는가? 그녀는 진정 자신의 부정적인 자아상을 극복하고 자아를 치유한 산증인이 아닐 수 없다.

많은 사람은 스스로에게 부정적인 생각을 가지고 부정적으로 질문하는 경향이 있다.

'나는 왜 이 모양일까?'

'나는 왜 공부를 못할까? '

'난 왜 그렇게 인기가 없을까?'

이렇게 스스로 부정적인 질문을 한다면 우리의 영리한 뇌는 그에 대한 부정적인 대답을 정확하게 찾아낼 것이다. 그리고 우리의 영리한 뇌가 찾아낸 답은 '너는 애당초 머리가 나쁘잖아.', '얼굴이 못생겼잖아.'가 될 것이다. 계속해서 부정적인 생각을 하게 되면 부정적으로 생각하는 데 명수가 될 것이다. 그러면서 절망, 좌절, 포기, 자기 연민 등의 불쾌한 감정에 빠지게 되고, 그러다 보면 정말 공부를 못하게 되고, 인기가 없는 사람이 되고 마는 것이다.

그러므로 스스로에 대한 질문을 바꿔야 한다. 질문을 바꾸면 답이 달라질 것이다.

'아니야 지금까지는 어땠는지 중요하지 않아. 앞으로는 달라질 거야.'
'후회한다고 바뀌는 것은 아무것도 없어.'
'지금부터 잘하면 되는 거야.'
'괜찮아! 잘되게 하면 돼.'
'내가 바꿀 수 있는 것은 과거 아니라 미래야.'
'내가 잘할 수 있는 것은 무엇이지?'
'국영수를 잘하려면 어떻게 해야 하지?'
'친구와 친하게 지내려면 무엇을 어떻게 해야 하지?'
'어떻게 하면 잘할 수 있지?'

이렇게 긍정적으로 질문하게 되면 우리의 영리한 뇌는 긍정적인 답을 찾아낼 것이다. 공부를 못한다면 공부를 잘하는 학생처럼 행동해보라. 공부를 잘하는 학생이 하는 행동을 그대로 따라 하면 어느 순간에 자신도 모르는 사이에 자신감이 생기고 공부를 잘하는 사람이 되어있을 것이다. 자기 자신을 행복하게 해줄 수 있는 사람은 다른 사람이 아니라 자기 자신이라는 사실을 알고, 늘 부정적인 생각을 긍정적인 생각으로 바꾸는 훈련을 해라. 그리고 자기 자신을 좋아하고 사랑하라. 그래야 다른 사람도 나를 좋아하고 사랑하게 될 것이다.

좋은 부모가 되고 싶다

나는 교육자로서, 목회자로서 좋은 부모를 이렇게 정의하고 싶다.

첫째, 아이를 올곧은 품성과 인격을 갖춘 아이로 키우기 위해 노력하는
　　　부모
둘째, 아이가 어떤 것을 좋아하는지 정확하게 알고 있는 부모
셋째, 아이가 아직 원하는 길을 모를 때, 길을 보여주고, 아이를 적극
　　　적으로 밀어주는 역할을 잘하는 부모
넷째, 아이에게 성공으로 이끄는 따뜻한 말 한마디를 건넬 줄 아는 부모
다섯째, 아이에게 꿈이 뭐냐고 자주 물어주는 부모
여섯째, 아이의 감정을 공감해주는 부모

　나는 두 딸을 키우는 부모로서 아이들이 올곧은 인성과 더불어
성공적인 인생을 살기를 바라는 마음이 간절하다. 큰아이는 목표로
삼았던 대학을 가지는 못했지만, 장차 교육자의 길을 가기 위해 준
비하는 예비 교사로서 "위대한 가르침은 예술이다."라는 말처럼 위

대한 가르침으로 최고의 교사가 되기를 바란다. 공부에는 별로 관심이 없는 둘째 아이는 피아노를 전공하기 위해 준비하고 있는데, 아이를 보면서 과연 이대로 두어도 괜찮을까 고민한 적도 많았다. 그러나 마음을 고쳐먹고 좋은 대학에 보내주는 것이 부모의 역할이 결코 아니라는 사실을 깨달았다. 공부란 자신이 좋아하는 일을 해 나가는 모든 과정이라고 본다면, 좋은 부모는 아이가 어떤 것을 좋아하는지 정확하게 알고 있고, 거기에 좋아하는 것을 잘 뒷바라지해 최고로 만들어준다면 그보다 더 좋은 부모는 없을 것이다.

당신은 자녀에게 조련사가 되길 원하는가? 아니면 아이의 안전망이 되어주길 원하는가? 홀로 외줄 타기를 하며 가는 아이 뒤에 서서 "정신 똑바로 차려! 안 그러면 천 길 낭떠러지로 떨어지고 말 것이야!"라며 채찍을 들고 서 있는 조련사가 될 것인지, 아니면 "내가 받쳐줄 테니 두려워 말고 마음껏 도전해 봐. 떨어지면 다시 올라가면 돼." 하고 마음의 위안을 주는 안전망이 될 것인지? 아이들이 마음껏 도전하고 실패해도 다시 일어설 힘을 기를 수 있도록 기다려주고, 믿

어주고, 무엇보다 힘들 때 마음을 열고 기댈 수 있는 부모가 되어주
길 바란다. 그러면 아이는 부모를 전적으로 신뢰하게 될 것이다.

≪소중한 사람에게 주고 싶은 책≫^(오늘의 책)에는 '외줄 타기 곡예
사' 이야기가 나온다. 이 마을 저 마을을 떠돌아다니며 외줄 타기
묘기를 보이던 곡예사는 점점 더 어려운 기술을 개발해야만 했다.
그 때문에 외줄의 높이는 점점 높아져 갔지만, 곡예사는 한 번도
줄에서 떨어져 본 일이 없었다. 그러던 어느 날 곡예사는 나이아가
라 폭포 위에서 줄타기 시범을 보여달라는 제의를 받게 되었고, 흔
쾌히 그 제의를 수락했다. 곡예사는 수많은 사람이 지켜보는 가운
데 외줄에 올라섰다. 그가 조심스럽게 한 발을 내딛자 사람들은 일
제히 숨을 죽였다. 잘못하여 발이 어긋나면 곡예사는 천길만길 물
속으로 빠질 수도 있는 위험천만한 순간이었기 때문이다.

천천히, 아주 천천히 걸어 곡예사는 마침내 반대편에 무사히 도
착했다. 많은 사람이 아낌없는 박수를 보내주었다. 그때 이마에 흐
르는 땀을 닦던 곡예사가 소리쳤다. "여러분, 저는 외줄을 타고 폭
포를 건너왔습니다. 여러분은 제가 다시 건너편으로 갈 수 있으리
라 믿으십니까?" 그러자 사람들은 믿는다는 뜻으로 다시 한번 박수
를 치기 시작했다. 곡예사는 잠시 무언가를 생각하더니 다시 물었
다. "고맙습니다, 저를 믿어주셔서, 그렇다면 여러분 중 저와 함께
저편으로 건너가실 분은 제 어깨 위에 타십시오." 아무도 나서는
사람이 없었다.

서로의 얼굴을 살피며 눈치를 보는 사람들 가운데 누군가 손을 들고 나섰다. 작은 사내아이였다. 곡예사는 소년에게 살짝 미소를 보냈다. 이윽고 소년을 어깨에 태운 곡예사가 외줄을 타고 건너기 시작했다. 흔들흔들 줄이 흔들릴 때마다 사람들의 가슴은 걱정으로 타들어 갔다. 그러나 소년의 얼굴엔 두려움의 기색이라곤 전혀 없었다. 줄타기는 다시금 성공을 거두었다. 곡예사가 소년을 내려놓자 사람들이 앞다투어 소년의 용기를 칭찬해주었다. "너 무섭지 않았니? 떨어지면 어쩌려고 그랬어?" 소년은 방글방글 웃으며 말했다. "안 떨어질 줄 알았어요. 왜냐하면 저는 아빠를 믿거든요." 작은 사내아이는 바로 곡예사의 아들이었던 것이다. 아들이 아빠를 신뢰하지 않았다면 불가능한 일이 아니었겠는가? 그렇기에 부모는 아이들이 도전하는 것을 두려워하지 않도록 힘을 실어주고, 믿어주고 기다려주어야 한다. 그때 아이들은 부모를 전적으로 신뢰하게 되는 것이다.

아이를 성공으로 이끄는 따뜻한 말 한마디를 건넬 줄 아는 부모가 좋은 부모이다. 지금으로부터 39년 전 중학교 시절 6·25전쟁 31주년을 맞아 교내 웅변대회의 반 대표로 나간 적이 있다. 원고를 쓰고 달달 외우며 입상의 꿈을 꾸면서 연습을 열심히 했건만, 결국 입상을 하진 못했다. 실망감이 무척 컸지만 담임 선생님의 위로와 격려의 말씀 한마디가 지금까지도 잊히지 않는다. 성공으로 이끄는 따뜻한 말 한마디였다. "잘했어, 앞으로 더 잘할 거야." 이 한마디는 나의 삶을 지탱하는 데 큰 힘이 되어주었다.

2018년에 ≪타임≫이 선정한 '세계에서 가장 영향력 있는 100인'에 들어간 일본 소프트뱅크 회장 손정의 씨는 재일 동포라는 한계를 딛고 일본 경제를 좌지우지하는 성공한 기업가로 우뚝 서게 되었다. 대부분 전문가는 손 회장의 성공 비결을 도전정신과 자신감으로 꼽는다. 그리고 그 비결은 바로 아버지의 영향이었다고 한다.

손 회장은 특유의 승부사적 기질을 발휘하여 다수의 기업과 인수합병에 성공하면서 소프트뱅크의 몸집을 불렸다. 주변의 우려와 비관적인 전망에도 굴하지 않고 자신감으로 성공을 이루어낸 것이다. 그의 아버지는 어린 손정의에게 남다른 근성이 있다는 것을 알고 일찌감치 성공 가능성을 보았다고 한다.

그러면서 "이 아이는 내 아이가 아니다. 사회를 위해 바쳐야 한다."라고 생각했고, 믿음이 단단해진 아버지는 아들에게 끊임없는 신뢰를 보냈다. 특히 따뜻한 말, 칭찬의 말, 격려의 말을 아끼지 않았다. "정의야, 넌 앞으로 위대한 인물이 될 것이다. 너는 천재다."라는 말을 입에 침이 마르도록 했다는 것이다. 그때 손정의 회장은 미래에 대한 확신을 가지게 되었고, 결과적으로 아버지의 그 따뜻한 말 한마디가 성공의 원천이 되었다고 고백했다.

이렇듯 부모의 따뜻한 말 한마디는 자신을 지키는 원천이 되어 인생의 어려움도 너끈히 이겨낼 수 있게 해준다. 매일매일 쉽게 던지는 말 한마디에 실로 엄청난 힘이 있다는 것을 알고, 위로의 말,

격려의 말, 용기를 북돋아 주는 말, 과도하지 않으면서 절제된 칭찬의 따뜻한 말 한마디를 건넬 줄 아는 부모가 되어야 한다.

<글래디에이터> 영화에는 로마 황제 마르쿠스 아우렐리우스가 나온다. 죽을 날이 머지않은 황제는 막시무스를 총애하였고, 부도덕한 아들 코모두스가 아니라 군인들의 절대적 존경을 받는 정직한 막시무스에게 권력을 넘겨주어 황제의 자리를 계승하고자 했다. 황제는 아들 코모두스를 불러놓고 말했다. "너는 황제가 될 인물이 아니다. 나의 자리를 막시무스 장군에게 물려주려고 한다." 그러자 황제 자리에 야심을 품고 있었던 코모두스는 아버지 황제 마르쿠스 아우렐리우스에게 처절하게 외친다.

"아버지는 한 번도 저에게 따뜻한 말을 해준 적이 없었어요.
그리고 아버지는 한 번도 저를 따뜻한 애정으로 안아주신 적이 없었어요.
아버지가 저를 한 번만이라도 애정으로 품어주셨더라면 저는 평생 그것을 기쁨으로 여기며 살았을 거예요.
아버지는 저의 무엇이 그렇게도 싫으신가요?
아버지! 평생 제가 가장 원하는 것은 아버지의 기대에 부응하는 것이었어요.
아버지가 저를 미워하신 은혜의 대가로 저는 이제 세상을 피로 짓밟을 것입니다."

결국 아들 코모두스는 아버지를 살해하고 자신이 황제의 자리에 올랐다. 사람은 누구나 다 주위에 있는 사람들에게 인정받고 싶어 하고, 격려받고 싶어 하는 것이 인지상정이다. 특히 자녀들은 부모의 사랑과 격려와 칭찬을 받고 싶어 한다. 이렇듯 부모의 사랑을 마음껏 받고 자란 아이는 결코 애정 결핍이라는 성격 불안 증세를 보이지 않는다. 그러나 어릴 적부터 부모의 사랑과 격려와 칭찬을 풍성하게 받지 못한 아이는 평생 애정 결핍으로 인해 매사에 사랑을 독차지하고 싶어 하는 성격장애를 일으키게 된다.

아이를 곱게 보면 예쁘지 않은 구석이 없듯이, 밉게 보면 한없이 밉게 보이지 않은가? 이채의 ≪마음이 아름다우니 세상이 아름다워라≫^(행복에너지) 중에 이런 말이 있다.

"밉게 보면 잡초 아닌 풀이 없고, 곱게 보면 꽃이 아닌 사람 없다."

처음부터 좋은 부모가 어디 있으랴! 실수와 실패를 통해 다듬어지면서 좋은 부모가 되어가는 것이 아니겠는가? 언젠가 인기리에 방송된 <응답하라 1988>에서 딸 덕선이의 생일을 축하하면서 아빠가 딸에게 했던 말이 생각난다.

"우리 덕선이 생일 축하한다.
어메! 그나저나 초가 벌써 18개여, 우리 딸이 언제 이렇게 커부렀을까?
아빠, 엄마가 미안하다.
잘 몰라서 그려,

첫째 딸은 어찌게 가르치고,

둘째는 어찌게 키우고,

막둥이는 어찌게 사람 맹글어야 될 줄 몰라서....

이 아빠도 태어날 때부터 아빠가 아니자네.

아빠도 아빠가 처음인께,

근게 우리 딸이 쪼까 봐줘.

우리 딸램이 예쁘게 잘 컸다.

언제 이렇게 예쁜 아가씨가 다 되가꼬,

그나저나 우리 덕선이 시집가면 아부지 서러워서 어떻게 살까?"

"나 시집 안 갈 건데...."

"예끼 그런 소리 하는 거 아니여.

자, 우리 요거 초 붙이고 생일 축하하자.

덕선아, 생일 축하한다."

이 장면을 보면서 많은 부모가 눈물을 흘렸다.

당신은 어떤 부모가 되기를 원하는가?

김용언

서울 장로회신학대학교에서 신학을 공부하고, 연세대학교 대학원에 진학하여 교육학 석사학위(MA)를 받았으며 전북대학교 대학원에서 교육학 박사과정을 마쳤다. 1999년부터 전주신흥고등학교 교목으로 재직하다 현재는 전주신흥중학교 교목실장으로 재직하고 있다. 전주신흥중·고등학교는 1900년에 미국 남장로교회 소속 레이놀즈(Reynolds) 선교사에 의해 세워진 120년의 전통을 가진 기독교 명문사학이다.

저 서

《이 시대 10대들에게 고함》
《좋은 아이를 넘어 위대한 아이로 키워라》
《신앙의 기초다지기》
《바이블 코칭》
《기독교 역사와 함께 하는 신앙산책》

채찍질하는 부모
방향 없이 달리는 아이

초판인쇄 2020년 7월 15일
초판발행 2020년 7월 15일

지은이 김용언
펴낸이 채종준
펴낸곳 한국학술정보㈜
주소 경기도 파주시 회동길 230(문발동)
전화 031) 908-3181(대표)
팩스 031) 908-3189
홈페이지 http://ebook.kstudy.com
전자우편 출판사업부 publish@kstudy.com
등록 제일산-115호(2000. 6. 19)

ISBN 978-89-268-9611-2 13370